L'ENFANT OPTIMISTE

ALAIN BRACONNIER

L'ENFANT OPTIMISTE

En famille et à l'école

Odile Jacob

15, rue Soufflot, 75005 Paris

www.odilejacob.fr

ISBN : 978-2-7381-3231-4

INTRODUCTION

J'ai décidé d'écrire ce livre sur l'optimisme de l'enfant, parce que je pense que c'est la première marche de l'éducation. L'optimisme permet, avant toute chose, de rendre un enfant, puis un adolescent, plus motivé, plus confiant en lui et plus heureux. Son avenir en dépend. La société tout entière devrait se saisir de cette question.

Il n'y a aucun doute, les enfants sont aujourd'hui plus optimistes que les adultes. Ils ne sont pas pour autant dépourvus de lucidité. Leur capacité à sourire le matin au réveil, à oublier les peines de la veille, à ne pas anticiper avec crainte le lendemain peut s'estomper rapidement avec l'âge. Dès l'enfance, à propos d'un même événement désagréable, certains enfants auront le pouvoir de le vivre, d'y faire face avec énergie et volonté, d'autres le vivront douloureusement ou passivement, mais tous les enfants, en grandissant, ont besoin de conserver une bonne dose d'optimisme pour être bien dans leur peau. Certes, aider les enfants à dépasser leurs peurs est déjà une bonne piste mais, en réalité, on peut faire encore mieux.

Comment faire pour que cet optimisme et ses effets durent ? Comment faire pour que, tout au long des étapes de l'enfance et au-delà, les enfants conservent cette joie de vivre initiale même s'ils montrent par moments des chagrins intenses ou s'ils sont régulièrement d'humeur grincheuse ? Au-delà du ressenti, savoir réfléchir de façon plutôt optimiste que pessimiste peut être appris tout au long de l'enfance. Des approches concrètes, connues et applicables aujourd'hui avec les enfants et les adolescents existent. Je les présente dans ce livre.

Pour entretenir l'optimisme d'un enfant, doit-on être obligatoirement un parent optimiste ? Cela le favorise sûrement mais nous souhaitons tous, même si nous sommes plutôt pessimistes, que nos enfants soient en bonne santé et nous voulons plus, nous cherchons à ce qu'ils soient heureux. Tout parent ou tout enseignant peut favoriser l'optimisme d'un enfant même si cet adulte y est peu enclin. *Être témoin d'un enfant optimiste nous rend même moins pessimiste*, juste retour des choses. Ne serait-ce pas le signe d'un amour partagé ?

Lorsqu'on essaie de comprendre l'optimisme ou le pessimisme d'un enfant, il *s'agit d'abord de découvrir dans quel type d'équilibre il se situe* pour lui apporter ce dont il a besoin. C'est un moyen de mieux le connaître surtout quand il ne s'exprime pas facilement. Serait-il déprimé ou au contraire exagérément optimiste ? Il est utile aussi de prendre en compte la part d'angoisse qui intervient dans la tendance à anticiper, dans un sens ou dans un autre, ce qui va se passer.

Apprécier, sur la durée, *le degré d'optimisme de son enfant* permet de constater qu'il est généralement plus important qu'on ne l'imagine. En prendre conscience aide à être plus optimiste sur ce qu'il vit et sur son avenir, et cela accroît ses chances face aux difficultés qu'il pourra rencontrer. Réaliser que son enfant est optimiste permet aussi de renforcer sa confiance et la confiance que vous avez en lui.

Comment évaluer l'optimisme, à quoi est-il dû, comment éduquer son enfant pour le rendre plus combatif que dépendant ? Au-delà des conseils simplistes qui ne marchent jamais très longtemps, comment répondre à ces questions ? Des chercheurs chinois de l'Université de Hong Kong ont démontré récemment que l'humour des parents… et des enseignants et sa transmission à l'enfant seraient une des clés essentielles pour répondre à ces questions. Sans doute, mais est-ce suffisant ?

Chaque parent a son mode d'éducation ; celui-ci dépend du tempérament, de l'histoire, de la culture, des valeurs et des qualités personnelles, mais tous les parents cherchent à mieux connaître leur enfant, le valoriser, le critiquer quand cela est nécessaire afin d'améliorer ses capacités.

« Je voudrais que tu raccommodes ma vie »

Une petite fille que sa maman trouvait triste me dit un jour, simplement : « Tu sais, maman m'a appris à raccommoder les habits de ma poupée, moi, je voudrais que tu "raccommodes ma vie". » Derrière sa tristesse, s'exprimait ainsi l'espoir de se sentir heureuse. Ce n'est pas quand tout va bien que l'optimisme est nécessaire. Face à cette demande si touchante, j'ai eu envie de sourire mais je me suis senti dans le devoir de lui répondre. En même temps, j'étais tellement surpris que je n'ai pas su lui répondre si cela était possible. Étions-nous capables, elle et moi, d'y parvenir ?

Je savais que sa demande était essentielle. Je savais que je devais prendre un peu de recul pour lui demander ce que cela signifiait pour elle. La seule méthode utilisée il y a encore dix ans était de lui demander de prendre un papier et des crayons pour me dessiner sa vie. Cette méthode est toujours bonne, mais je me demandais honnêtement si cela suffirait pour « raccommoder sa vie ». Au fond de moi, j'hésitais toujours sur le fait qu'à sa naissance sa vie pouvait être déterminée au moins en partie par ses gènes. Ma question visait surtout les malheurs ou les traumatismes qu'elle avait pu subir jusque-là. Je cherchais essentiellement comment elle pouvait avoir davantage confiance en sa vie présente et future comme j'en comprenais la demande. Mon métier consiste toujours à apporter aux enfants et aux adolescents des ressources plus joyeuses. Mais aujourd'hui j'y ajoute la recherche plus systématique de sentiments et d'un mode de pensée qui les rendent non pas crédules aux sirènes du bonheur mais optimistes et lucides face aux réalités de la vie.

Un enfant demandait très sérieusement à sa mère, à propos de Spiderman : « Pourquoi on n'a pas ces pouvoirs ? » Il montrait ainsi qu'il souhaitait les avoir mais acceptait avec lucidité qu'il ne les aurait pas. J'ajouterai que mon métier m'a aussi convaincu que cet état d'esprit se forge dès l'enfance. Au fond, je dirai que j'ai ajouté une corde essentielle à ma manière de travailler et je souhaite, dans ce livre, en faire profiter tous ceux, parents, enseignants, professionnels de l'enfance qui partagent ce même objectif. Certaines connaissances sur le monde parfois mystérieux de l'enfance sont nécessaires, mais ce sont surtout les aptitudes éducatives à privilégier que je souhaite partager ici.

Les bébés sont-ils optimistes et naissent-ils ainsi ?

Une première question vient à l'esprit : hérite-t-on de l'optimisme ou du pessimisme à notre naissance ? Il serait d'ailleurs préférable de poser la question autrement : les bébés ne sont-ils pas naturellement plus ou moins optimistes si l'on considère l'élan de vie qu'ils manifestent aux premiers instants de leur venue au monde ? Comment restent-ils ensuite optimistes tout au long de leur enfance, de leur adolescence et jusqu'à l'âge adulte ? En d'autres termes, héritons-nous d'un caractère plus ou moins optimiste et que devient-il sous l'influence de l'éducation, des événements et des rencontres ? Nous avons tous la possibilité, selon les moments, les circonstances, de nous sentir plus ou moins pessimistes ou optimistes, mais la tendance générale à l'optimisme ou au pessimisme est maintenant bien reconnue.

Les observations des psychologues et des pédiatres sur les premiers temps de la vie nous le confirment. Le bébé est spontanément optimiste. « Maman... Maman... Maman », appelle ce petit garçon qui ne perd pas espoir que sa mère lui réponde et s'occupe de lui. Dès sa naissance, qu'il crie ou qu'il pleure, on peut facilement imaginer qu'il a cet espoir en lui. Il existe des bébés tristes, mais c'est heureusement rare et souvent incompréhensible. En revanche, si le bébé est spontanément optimiste, il sera confronté rapidement à ce qui lui est inaccessible ou interdit. En deviendra-t-il pour autant pessimiste ? J'aborderai dans ce livre ce que tout parent souhaite pour son enfant : qu'il soit plutôt heureux et optimiste tout en étant conscient et lucide des obstacles qu'il pourra rencontrer sur sa route.

Comment les enfants peuvent-ils rester optimistes ?

Au-delà des premiers temps de la vie, comment agir pour qu'un enfant reste heureux et optimiste ? Comment en tant que parent ou grand-parent, confronté aux défis d'une société en pleine mutation, le préparer à affronter l'avenir ? L'enfant en grandissant, rencontrant les inévitables contraintes de la vie, peut devenir pessimiste. Comment l'exprimera-t-il, comment l'aider à surmonter ce sentiment pénible et lui permettre de se construire durablement positivement ? Ce n'est pas quand tout va bien qu'il faut être optimiste, c'est quand les difficultés se présentent. Paradoxalement, ce n'est pas non plus quand un enfant est « trop optimiste », qu'il ne se soucie de rien, fuit constamment dans un monde imaginaire irréel et magique, qu'il ne se rend compte ni des réalités auxquelles il doit faire face ni des limites que son âge, son corps ou son esprit l'autorisent à respecter, pour sa propre existence et celle des autres, qu'il trouvera un optimisme utile pour régler les problèmes rencontrés.

Entretenir l'optimisme, mieux encourager son enfant

Grâce aux recherches en psychologie et en neurosciences que je présente dans ce livre, chaque parent pourra améliorer les capacités de son enfant, savoir le critiquer à bon escient et le rendre plus optimiste. L'école a aussi un rôle important à jouer et peut s'emparer des bonnes méthodes pour y parvenir. Optimiser les capacités cérébrales, cognitives et affective de nos enfants les aidera toute leur vie.

Il existe des enfants plus pessimistes et des enfants plus optimistes. Les premiers nécessitent d'être accompagnés pour être suffisamment heureux. Les seconds doivent le rester sans l'être trop. Être attentif à l'optimisme de ses enfants est une bonne manière de s'intéresser à leur construction et à leur avenir.

Nombre d'adultes pensent, non sans raison, que le monde futur sera difficile. C'est une évidence, il ne s'agit plus de se voiler la face ni pour autant de se désespérer. Grâce aux travaux sur le sujet depuis plus de trente ans, les parents et l'entourage peuvent apprendre aux enfants comment voir la vie de façon plus optimiste.

L'espoir et les apprentissages scolaires

Au cours des vingt dernières années, les chercheurs ont progressé dans la compréhension des liens entre l'espoir des élèves ou des étudiants et leur intérêt pour les apprentissages tout au long de leur scolarité. Ces chercheurs ont confirmé ces liens et ont développé une « échelle d'espoir », accessible à tous, qui permet d'évaluer l'espoir ressenti dans les différentes disciplines. Cet outil permet en particulier d'identifier les apprentissages qui nécessitent d'être approfondis ou améliorés.

Une raison « logique », une méthode « efficace »

Au « pays des parents », tout au long de ma carrière, j'ai rencontré la volonté partagée d'avoir un enfant heureux et optimiste. Néanmoins, six « plaies » ternissent souvent ce bel espoir : « Mon enfant[1] n'écoute rien... Il est toujours grognon... Il ne s'intéresse à rien... Je le sens triste... Il est souvent malade... Il manque de confiance en lui... »

À ces six « plaies », j'ai toujours cherché, avec l'aide des parents, s'il existait une raison « logique » : un caractère difficile, la jalousie à l'égard d'un frère ou d'une sœur, la difficulté d'apprendre pour différentes raisons ou d'aller à l'école, la difficulté à se faire des amis, la séparation douloureuse des parents, un refuge trop fort dans l'imaginaire, etc.

L'expression par l'enfant de ses soucis tels qu'il les ressentait pouvait l'aider. L'attitude bienveillante (ni trop ni trop peu) des parents jouait un rôle déterminant. Il était toujours important de voir, en quelques semaines ou même quelques mois (mais pas plus), comment les difficultés évoluaient.

Aujourd'hui, je suis convaincu qu'il faut associer, à cette compréhension et à l'expression de l'enfant, une méthode efficace pour le rendre optimiste, confiant, de façon durable.

Pourquoi les enfants ont besoin d'optimisme

Les mutations rapides et profondes de notre société suscitent interrogations et inquiétudes. Comment y faire face ? C'est face aux adversités que l'optimisme prend tout son sens, ce n'est pas quand tout va bien. Il doit permettre de s'engager et de combattre, et cet état d'esprit peut être insufflé dès l'enfance. Si le pessimisme n'est pas à rejeter systématiquement, si certaines situations de la vie nous y poussent, un mode éducatif marqué par les craintes et le doute sur l'avenir n'est-il pas le moyen le plus sûr d'empêcher les enfants de prendre confiance en eux, de se sentir libres de choisir leur vie quand tout est encore possible ? Les enfants ont besoin d'optimisme, car ce trait de caractère humain développe la confiance en soi qui elle-même nourrit l'estime de soi dont chaque être humain a besoin. Il en découle alors un intérêt à découvrir, à apprendre et donc à réussir qui renforce l'optimisme initial. C'est en cela que l'optimisme s'inscrit dans une spirale éducative positive, dans laquelle parents et enseignants ont un rôle essentiel à jouer.

En outre, les enfants ont besoin d'optimisme, car il permet, comme chez l'adulte, d'être en meilleure santé, d'établir de meilleures relations et de travailler dans un esprit d'autonomie et de réussite.

Cinq clés, dix exercices concrets, un jeu à faire ensemble

Au-delà des clichés sur l'optimisme, des questions plus générales sur ses bienfaits et ses limites chez les adultes, ou sur l'intérêt d'avoir, par moments, un point de vue pessimiste sur les choses, j'ai apporté dans ce livre quelques pistes concrètes que parents et enseignants pourront suivre pour favoriser l'optimisme des enfants.

Cinq clés caractérisent cette méthode, dix exercices concrets la rendent pratique pour améliorer ce précieux optimisme. Chacun en bénéficiera dès sa mise en place et sur le long terme.

PREMIÈRE PARTIE

MON ENFANT EST-IL OPTIMISTE ?

Chacun peut, selon les circonstances et les moments de la vie, se montrer optimiste et heureux ou plutôt pessimiste et sombre à la fois. Il en est de même pour un enfant.

Maxime sait qu'il va pouvoir jouer avec ses camarades cette semaine. Il n'a pas école et sa mère a invité ses deux meilleurs amis à la maison. Il s'habille rapidement et pense déjà à ce qu'il va proposer à ses amis. Il a plein de projets et pense aux films qu'ils pourront regarder ensemble. Connaissant bien chacun d'eux, il pense qu'ils partageront ses goûts et pour ceux que cela n'intéresserait pas, il prévoit de sortir ses jeux de circuits automobiles et des petites voitures. Il attend également que ses amis aient des idées pour s'occuper. Sa mère est heureuse de le voir si gai et prêt à accueillir ses amis. Elle en est d'autant plus heureuse que quelques semaines auparavant, elle a trouvé son fils triste, irritable, satisfait de rien. Avec délicatesse elle a cherché à savoir ce qui se passait. Elle a fini par apprendre que le meilleur ami de son fils l'avait laissé tomber pour un autre camarade. Maxime s'est alors confié et lui a dit qu'il n'arriverait jamais à garder longtemps un ami, que c'était toujours pareil et que c'était sa faute, voulant toujours tout diriger. Le pessimisme de Maxime lui paraissait excessif mais incontestable. Comme pour la majorité des enfants, la mère de Maxime sait que son fils peut avoir par moments des sentiments plutôt négatifs et à d'autres franchement positifs.

L'optimisme ou le pessimisme d'un enfant ne dépend pas seulement de quelques faits marquants, comme pour Maxime, mais d'un caractère plutôt ou franchement optimiste, qui montre jour après jour que l'énergie, la sociabilité, la curiosité, le désir de réussir une tâche et le sentiment de pouvoir y arriver sans ménager ses efforts sont des traits stables et dominants. À cela s'ajoute une manière spécifique de penser et d'interpréter les événements : les mauvais événements sont vus comme temporaires et non permanents, particuliers et non généraux, et ne suscitent pas une culpabilité excessive.

À l'opposé, le caractère pessimiste d'un enfant se repérera sur les traits inverses : les mauvais événements sont vus comme fréquents, affectant tous les domaines de la vie et ressentis comme s'il en était lui-même à l'origine. Selon ce qu'il pourra exprimer physiquement ou verbalement, selon son âge, on mesurera plus précisément son caractère et ses manières d'être dans un sens ou dans un autre.

Avant d'évaluer l'optimisme chez l'enfant, arrêtons-nous d'abord sur la manière de le définir. Christopher Peterson, un professeur de psychologie de l'Université du Michigan, a mené de nombreuses recherches sur ce sujet. S'appuyant sur différents courants des sciences humaines il s'est interrogé sur l'origine et la manière d'expliquer l'optimisme[1], en prenant comme point de départ la définition de l'anthropologue

Lionel Tiger : l'optimisme est « une humeur ou une attitude marquée par une attente sur le futur de celui qui le regarde comme personnellement ou socialement souhaitable, à son avantage ou pour son plaisir[2] ». Ainsi, il n'y aurait pas une seule forme d'optimisme, du moins dans son contenu, puisqu'il dépendrait de ce que la personne regarde comme désirable et on sait combien l'enfant exprime plus ou moins ouvertement ses désirs, quels que soient son âge et le milieu dans lequel il vit.

Chapitre 1

NAÎT-ON OPTIMISTE ?

> « Ce sera oui / L'émerveillement d'être ici / Enfin au monde / Enfin né / Ni ciel ni regard / Ne seront plus la membrane / Les yeux et le bleu / Ne feront qu'un lieu [...]. »
>
> Pierre EMMANUEL[1].

L'optimisme est-il un don naturel que certains possèdent dès la naissance ou bien un trait de personnalité qui se construit dans l'enfance, par l'éducation ou en l'absence d'événements traumatiques ? Les deux options sont probablement justes mais à des degrés divers.

Optimisme inné ou acquis ?

Pour ceux qui pensent que l'on naît avec un tempérament plus ou moins optimiste, il s'agit plutôt d'une disposition naturelle qu'on possède ou non à la naissance. Il est exact qu'il existe des arguments scientifiques en faveur d'une part génétique de l'optimisme qu'il serait inutile de nier. Les études comparant les jumeaux monozygotes (« vrais » jumeaux) aux jumeaux dizygotes (« faux » jumeaux) ont montré que le « style explicatif optimiste de la vie » (p. 60) est corrélé significativement chez les premiers contrairement aux seconds[2]. La part de l'optimisme et du pessimisme que l'on hérite a ainsi été estimée à 25 %[3], certains sont même allés jusqu'à près de 50 %[4]. Ce point de vue est soutenu aujourd'hui, au plan scientifique, par de nombreuses études sur le tempérament. Elles ont été faites depuis cinquante ans et régulièrement mises à jour[5] et montrent, selon la théorie de Hans Eysenk fondée sur la biologie, un lien existant entre l'optimisme et le tempérament « extraverti » et entre le pessimisme et le tempérament « neuroticisme ». À sa suite, la théorie de Jeffrey Gray établit un lien entre l'optimisme et le « système comportemental d'approche » (BAS)[6], associé à une sensibilité aux signes de récompense, et entre le pessimisme et le « système comportemental d'inhibition » (BIS), associé à une sensibilité aux punitions. Ce « système comportemental d'approche » a des liens avec la sociabilité, l'anticipation de réussite ou de récompense plutôt que d'échec, avec la motivation personnelle, l'incitation à agir, les affects positifs. Toutes ces attitudes caractérisent l'optimisme et relèvent biologiquement de l'importance du système dopaminergique du cerveau, comme l'indiquent les études faites chez l'animal et les études de neuro-imagerie humaine[7]. Des chercheurs ont aussi montré que l'activité de zones particulières du cerveau refléterait une attitude optimiste. Ils ont mis en évidence que les personnes les plus optimistes présentaient un niveau d'activation de ces zones plus élevé lorsqu'elles imaginaient des événements futurs positifs que lorsqu'elles imaginaient des événements futurs négatifs. Il s'agirait aussi d'une partie du cortex frontal qui est liée à la régulation des réactions émotionnelles, des cortex cingulaire et antérieur rostral et de cette zone du cerveau qu'on appelle l'amygdale cérébrale[8].

Selon d'autres chercheurs, l'optimisme dépend des événements de vie et de la manière dont l'enfant est élevé. Cela est d'autant plus vrai que les traits de caractère évoqués précédemment, liés à l'optimisme ou au pessimisme (extraversion ou introversion, émotionnalité positive ou négative) sont aujourd'hui complétés, grâce aux recherches, par les spécificités suivantes : capacité de « contrôle volontaire », de « contrainte », d'« autorégulation », de « conscience »[9], qui dépend beaucoup plus de l'éducation et des événements de vie. Ces traits définissent des personnes plutôt organisées, sachant planifier leurs tâches pour atteindre un objectif. Ils caractérisent aussi les personnes plutôt confiantes en elles et suffisamment optimistes.

Il est clair que si certains bébés possèdent à la naissance une propension biologique à être plutôt optimistes ou pessimistes, nous savons aussi que rien n'est figé et qu'à tout âge les circuits neuronaux du cerveau se modifient. De nouvelles connexions cérébrales s'établissent sous l'influence de l'éducation, des expériences ou du désir que l'on a de chercher d'autres voies pour se dégager le mieux possible du pessimisme, quand celui-ci est trop envahissant.

Optimisme à la naissance, naissance de l'optimisme

Les progrès spectaculaires de la pédiatrie néonatale permettent d'aider les bébés à mieux naître physiquement. Mais que savons-nous pour aider les bébés à mieux naître psychiquement ? Comment peut-on mesurer l'optimisme d'un bébé ?

Deux pistes s'offrent à nous. Sur le plan psychique, le roman du bébé est d'emblée traversé par la question de son destin et du projet que ses parents forment pour lui. On sait aussi combien il est capable, à sa manière, de s'intéresser au monde qui l'entoure. En général, l'arrivée attendue d'un enfant remplit de joie son entourage. Heureusement, car si cet enfant ne grandit pas dans un bain d'optimisme parental, son goût pour la vie et même son besoin de vivre pourront en être affectés. Les bébés de mamans malheureusement déprimées – et nous ne parlons pas ici du *baby blues* normal et momentané – ont du mal à s'intéresser à ce qui les entoure.

Un bébé catalyseur de joie

> « On naît avec une petite étincelle de folie. Il ne faut pas la perdre. »
>
> Robin Williams,
> acteur américain (1951-2014)

L'arrivée d'un nouvel enfant dans une famille est en général une grande source de joie et d'intérêt ; ce regain d'attention rend chacun spontanément heureux. Le bébé devient le héros de la tribu. Cela redonne le goût de vivre à ceux lassés par les soucis quotidiens de l'existence. Un nouveau « roman » s'écrit pour chacun. Il n'en est pas de même lorsque la naissance a posé des problèmes ou que la maman vit un moment personnel difficile. Les premiers temps de la vie sont caractérisés par une dépendance absolue. Le nouveau-né n'a aucune conscience du fait qu'il dépend entièrement des soins de sa mère[10] qui, grâce à sa « préoccupation maternelle primaire[11] », est capable de s'identifier à lui et à ce qu'il ressent. C'est dire l'importance de l'empathie maternante et les risques que comporte une carence affective de l'entourage. Si sa conscience de ce qu'est l'environnement n'en est encore qu'à ses débuts, la sensibilité du bébé à l'atmosphère affective dans laquelle il baigne constitue la première piste pour évaluer son goût de la vie et donc son optimisme précoce. Un fort appétit, un bon sommeil font dire qu'il a une « bonne nature ». Autrement dit, il est heureux de vivre, il prend la vie à bras-le-corps ; on dira de lui que c'est un bébé « optimiste ».

On peut se tromper quand ce bébé pleure. Paradoxalement, les pleurs peuvent être aussi interprétés comme une quête d'optimisme, signifiant à la personne à qui ces pleurs sont destinés : « Donne-moi l'espoir d'un encore-mieux-être. » Pour penser cela, il faut être sensible au fait que l'optimisme peut exister chez le bébé, plutôt que de penser, de façon pessimiste, que ces pleurs ne sont que les signes d'une douleur ou d'une angoisse.

On connaît beaucoup mieux les effets d'une maman déprimée sur le manque de vivacité et d'énergie de son bébé. Il est logique de penser qu'une mère ou un environnement heureux et joyeux à l'arrivée d'un enfant ont un effet positif sur son état d'esprit si intuitif soit-il. La joie et l'optimisme ambiant agissent probablement fortement sur lui. Un moyen simple d'apprécier l'optimisme d'un enfant sera donc d'évaluer l'optimisme qu'il produit.

Une seconde piste s'offre également à nous. Que vit le bébé lors de sa rencontre avec le monde, comment se présentent les premières pages de son roman personnel ? On a parlé du « traumatisme de la naissance » mais aussi du fait que « le bébé est déjà une personne ». Quand on le regarde, l'écoute, le touche, on peut imaginer qu'il a au moins trois objectifs, sûrement pas réfléchis comme ce sera le cas plus tard, mais facilement repérables : combattre pour vivre, s'adapter le mieux possible à ce monde inconnu, chercher l'attention et l'amour de l'autre. Ces traits ne seront-ils pas, plus tard, les qualités des personnes optimistes ? On le sait aujourd'hui, le combat plutôt que la résignation, l'adaptation plutôt que l'enfermement dans sa tour d'ivoire, des relations sociales plutôt que le repli sur soi sont bien les trois caractéristiques des personnes optimistes. Ces qualités[12] permettent de présenter le bébé comme un être naturellement optimiste.

La recherche active de satisfaction

Bébé, nous n'avons pas conscience d'être responsable de nos frustrations. Nous avons chaque jour la preuve que le monde nous est favorable puisque ces frustrations s'apaisent par les soins prodigués ou par les apports de l'entourage et en particulier de nos parents. Si le monde ne nous est pas favorable, nous crions sans hésitation, signe que se construit le désir de faire entendre nos besoins. Le temps est passé où le bébé était considéré comme un être passif principalement centré sur son activité alimentaire et recevant tout de son entourage. On a appris à le considérer comme une personne, en devenir certes, mais une personne quand même. Il est désormais regardé comme un être éminemment actif, fondamentalement interactif, d'emblée un être à orientation sociale. On le sait aujourd'hui, les deux quêtes fondamentales du bébé bien connues sont : l'amour de la vie et le besoin d'attachement sécurisant, c'est-à-dire une quête de confiance en l'autre et en soi-même.

Que se passe-t-il pour que nous ayons manifestement oublié en grandissant ces quêtes fondamentales ? Ne sommes-nous pas de plus en plus attirés par les biens matériels, des intérêts factices ou illusoires, des désirs jamais assouvis, des idéaux « narcissiques », inaccessibles, ignorant ce que les autres peuvent nous apporter ?

Capter l'attention de l'autre

Le célèbre pédiatre Donald Winnicott a écrit : « Vous avez semé un bébé et récolté une bombe. » Incontestablement le bébé devient rapidement une « petite » personne adorable et féroce, qui alterne exigences et satisfactions, dureté et bien-être. On sait qu'un bébé peut être adorable et féroce, adorable quand il est calme, féroce quand il a faim. Son devenir ne peut être qu'esquissé. Que deviendra-t-il ? Aura-t-il une personnalité plutôt pessimiste ou optimiste ? Ressemblera-t-il plus à son père ou à sa mère ? On ne le sait pas encore, mais ses premiers mois permettent déjà d'en avoir une certaine idée. Le tout petit enfant est naturellement plus optimiste que l'adulte, à condition de ne pas trop le décourager et de ne pas se décourager soi-même ; avec le temps, beaucoup de contraintes et de névroses se construisent dans notre esprit et dans nos comportements.

Le sourire : séduire, être séduit

Il vous sourit dès les premières heures de sa vie. Vous attendiez son sourire, il arrive très vite. Il est tout petit encore, entre 1 et 2 mois, souvent même avant et voilà qu'il vous sourit par imitation puis intentionnellement. Ce sourire vous rend heureux et vous lui attribuez le même sentiment. Ce sourire manifeste son bien-être. Il sourit même pendant son sommeil, évoquant ainsi la possibilité d'un vécu émotionnel spontané de plaisir et peut-être même l'ébauche de rêves agréables. Éveillé, les caresses, la chaleur d'une présence familière, la tétée, une berceuse l'amènent à manifester discrètement le fait qu'il se sent bien dans son corps et dans tout ce qu'il vit. Il est capable de crier pour exprimer son insatisfaction ou son bien-être, de vivre des moments de plaisir mais il peut manifester aussi le besoin qu'on s'occupe de lui. Il n'est pas conscient de ce qui produit ce plaisir ou cette insatisfaction. Il les ressent tout simplement.

Mais le sourire du bébé est bien plus que cela. Il représente le premier mode de communication explicite d'une relation humaine et sociale. Il cherche le contact parce que vous aussi vous lui souriez. Ce sourire est également la première forme de séduction, signe d'intérêt et de plaisir. Il est enfin un signe d'optimisme en ce sens que ce message s'appuie sur la prévision implicite qu'il y aura une réponse. Il s'agit ici d'une première illustration des liens qu'il est facile d'établir entre le caractère optimiste et ce qui peut en être les premières manifestations sociales, et par là les racines d'un accordage affectif. Dans cette communication, il n'y a pas de faux-semblants, elle est authentique. Ne s'agit-il pas là du prototype de relations humaines heureuses ? Le bébé est ainsi amené à s'interroger sur cette séduction maternelle qui suscite en lui une curiosité qui, elle-même, lui permet d'anticiper la richesse et la beauté du monde qui l'entoure.

Ce sourire protège chacun de l'angoissante énigme que représente l'autre, il permet de dépasser les menaces d'un pessimisme latent quand l'autre ne répond pas à ses attentes. Quand il est seul ou trop systématiquement frustré, le bébé peut éprouver ce sentiment.

Si vous êtes triste, inquiet, pessimiste, votre bébé est aussitôt influencé par votre humeur et son comportement s'en ressent, tout comme une éponge qui absorbe toutes vos émotions. Il est donc important que vous fassiez attention à contrôler ce que vous exprimez quand vous êtes auprès de lui : partagez avec lui votre bonheur mais ne vous laissez pas envahir par vos angoisses. Face à un visage impassible, ne reflétant aucune émotion, votre bébé s'interroge, cherche un contact : en vous souriant, il espère un sourire en retour et aussi peut-être que vous retrouviez intuitivement en vous ce bébé en quête d'attention que vous avez été.

À la « conquête du monde »

Au-delà du sourire, comment ne pas reconnaître que le bébé continue à manifester son désir de « conquérir le monde » quand il tente, dès les tout premiers mois de sa vie, de se mobiliser, de sortir de son lit à barreaux sans y réussir, d'attirer l'attention des adultes qui l'entourent et qui sont occupés par bien d'autres choses ou se montrent indifférents[13] ? Il se tourne et se retourne, utilisant toutes ses forces pour se sentir exister, manifester ses désirs, sa présence ou se dégager d'une position désagréable. Son corps et sa tonicité parlent pour lui. Tout cela s'accompagne de l'émission de sons ou de tentatives pour saisir les objets que ses parents ont mis à sa portée pour le distraire et l'occuper. On peut ajouter que le bébé se trouve fréquemment confronté à des frustrations ; sa capacité à les surmonter ainsi que l'angoisse qu'elles suscitent sont la preuve de son fond profondément optimiste et pour une part irréaliste. Le petit homme apprend très tôt à savoir comment surmonter les obstacles. Il en aura besoin toute sa vie pour conserver son optimisme.

Dès leur venue au monde, on observe des moyens de réagir différents. Certains bébés s'endorment plus facilement malgré l'agitation environnante, d'autres acceptent mieux – et pourrait-on dire en confiance, optimistes – le stress de l'attente de la nourriture.

La naissance d'un esprit rejetant l'angoisse

La qualité du sommeil, comme celle de son appétit sont des bons indicateurs du bien-être du bébé. Tout enfant, dès ses premières semaines, vit des angoisses qui le submergent. Comment résiste-t-il à ses angoisses et comment s'en défend-il pour conserver son optimisme intérieur ? À propos des moyens de défense psychiques, les psychologues et les psychanalystes d'enfant ont utilisé le terme de « précurseur » dont on verra l'importance dans les mois qui suivent le tout début de la vie.

Le sommeil comme protection face à une réalité angoissante

Personne n'est étonné qu'un bébé ne réponde pas à tous les stimuli que son entourage provoque et auxquels un enfant plus âgé sera plus sensible. Pour lui, l'endormissement est le modèle physiologique de la première défense psychique contre l'insatisfaction : la régression vers ses besoins fondamentaux d'apaisement. Le nouveau-né, bien que plus attentif que ce qu'on croyait par le passé, montre néanmoins des moments de retrait et d'inattention qui ne sont pas anormaux à cet âge.

Dès les tout premiers temps de sa vie, le bébé commencerait par dénier les difficultés pour ne pas se résigner devant ses propres limites, faisant ainsi preuve de combativité et donc d'optimisme. Le prototype de cette ressource mentale est une réaction physiologique : le bébé s'endort quand il est rassasié mais aussi quand il ne peut plus être actif. Il se retire du monde réel. Il ébauche ainsi une ressource mentale : un « déni » de la réalité en s'endormant, lui permettant de ne pas subir son incapacité de contrôle sur le monde et son pouvoir d'action limité.

Comment peut-on expliquer l'évolution de ce comportement précurseur en véritables ressources psychiques de défense contre l'angoisse et ce qui est déplaisant ?

L'hypothèse prédominante est celle d'un mouvement d'intériorisation du dispositif biologique sous forme d'opérations de pensée. Il y aurait ainsi passage d'une réaction motrice à une structure cognitive intériorisée dans l'esprit. Cette hypothèse a conduit certains chercheurs à proposer une compréhension en trois temps du passage d'un comportement purement instinctif à un mécanisme psychique élaboré souvent inconscient chez le sujet. Il existerait ainsi un premier temps, « précurseur », correspondant au comportement instinctif qu'un bébé peut manifester. Puis un deuxième temps rassemblant différentes stratégies d'ajustement utiles face au stress, celles que les spécialistes qualifient de « biopsychocomportementales[14] », qu'il s'agisse des stratégies d'évitement, où l'attention est détournée de la source de stress ou, à l'inverse, des stratégies vigilantes, où le bébé se concentre sur cette source pour contrôler et prévenir le stress. Enfin, le troisième temps serait marqué par la modification psychique de la signification subjective donnée aux événements, grâce aux mécanismes psychologiques inconscients de défense à proprement parler, comme le déni ou le refoulement. Nous passons ainsi, bébé, d'un retrait physique et comportemental du monde à, enfant plus âgé, un retrait psychique que nous utilisons inconsciemment pour y arriver.

De l'alimentation à la « projection »

Le bébé est nourri physiquement à partir du sein maternel ou du biberon, en tout premier lieu, par sa mère, mais aujourd'hui aussi de plus en plus par son père. Acceptant la bonne nourriture, rejetant celle qui lui déplaît, il parvient peu à peu à se représenter mentalement que, pour éprouver du plaisir et éviter le déplaisir, il doit non seulement se saisir de ce qui est agréable, qui lui est offert par l'extérieur, mais aussi établir un lien avec ce monde extérieur. Pour Melanie Klein[15], célèbre psychanalyste d'enfants, la mère est le premier « contenant » dans lequel le bébé rejette et extériorise ses angoisses douloureuses de solitude et de séparation, fournissant ainsi le modèle d'une deuxième ressource pour se défendre : la projection sur le monde extérieur de ce qui est désagréable. Quand, plus tard, il commencera à parler, l'enfant dira volontiers : « C'est pas moi, c'est à cause de... » Devenus adultes, nous utilisons toujours volontiers ce type d'explication pour nous décharger de notre culpabilité ou de nos responsabilités.

Ce qui empêche les bébés de rester optimistes

L'optimisme absolu que l'on peut prêter au bébé, dans son désir de vivre et sa « confiance » totale que l'on s'occupe de lui pour ses besoins essentiels, s'estompe rapidement.

« *Où est-elle ?* »

À cette dépendance absolue des tout premiers temps de la vie, se substitue une dépendance relative : le bébé commence à être, d'une certaine manière, conscient de sa dépendance. La première manifestation est l'apparition de l'angoisse lorsque sa mère s'absente pendant une période excédant la durée au cours de laquelle il se sent en sécurité.

Ses paroles ici en disent long : « Je reviens vite... Je suis à côté... Je ne m'absente que quelques minutes... » Un bébé que l'on pourrait dire suffisamment optimiste conserve, affectivement, l'espoir qu'elle reviendra et ne pleure pas systématiquement dès l'instant où il ne voit plus sa mère. On peut donc bien lui prêter l'ébauche d'une pensée optimiste. Mon confrère Bernard Golse qui s'occupe particulièrement des jeunes enfants me dit un jour sur un mode humoristique : « Tu sais, la première pensée des bébés en se réveillant est : "Ma mère est-elle toujours la même ?" » À ce premier stade, l'optimisme de l'enfant se mesure à sa capacité à avoir ce qu'on appelle un « attachement suffisamment confiant » avec les personnes de son entourage.

Si, au cours des premières semaines, le bébé est naturellement dépendant des soins et de l'amour de ses parents, il a été également programmé biologiquement pour s'attacher. Il existe plusieurs types d'attachement, maintenant bien connus des psychologues. Quelles sont ces différentes formes d'attachement contribuant à construire chez le bébé puis l'enfant un caractère optimiste ? Les caractéristiques optimistes de confiance en soi, de goût du contact correspondent à celles que l'on retrouve chez les enfants et les adultes présentant un style d'attachement « sécure » (sécurisé et sécurisant), opposé à celles présentant un style d'attachement anxieux ou insécurisé que l'on retrouvera plutôt chez les pessimistes[16]. L'intérêt de cette comparaison porte sur la transmission aux enfants et donc leur éducation. Une mère qui se représente de manière « sécure » ses propres liens d'attachement précoce va, dans 80 % environ des cas, nouer une relation avec son bébé qui le conduit à exprimer en miroir un attachement de type « sécure », intégrant ainsi les caractéristiques potentielles d'un caractère plutôt optimiste[17]. L'attachement doit donc être « sécure », c'est-à-dire ni insuffisant, ni excessif, ni désorganisé. C'est le prix à payer pour élever son enfant de telle façon qu'il profite du terreau de l'optimisme. Une bonne relation maman/bébé ou parents/bébé repose sur un ajustement réciproque constant. C'est ainsi, par nos actions sur les autres et notre capacité à ajuster notre comportement aux désirs et aux valeurs de notre environnement – on parle d'autorégulation – que nous nous construisons un sentiment d'autoefficacité. On sait combien l'autoefficacité[18], l'autorégulation[19] et la capacité d'ajustement à l'autre, nécessitées par l'adaptation à l'environnement, sont des caractéristiques importantes de la personnalité optimiste.

Au cours de la petite enfance, cet apaisement, la confiance acquise et on pourrait dire l'optimisme qui s'ensuit ne peuvent se développer que dans la mesure où le bébé se sent dans une relation sécurisante et optimiste avec son entourage. C'est parce que l'enfant établit de bonnes relations avec ceux qui l'entourent qu'il acquiert la confiance utile à la découverte de son environnement. Nous en avons aujourd'hui la preuve grâce aux nombreux travaux sur l'observation du jeune enfant et l'étude de son devenir. Ces travaux montrent combien ce qu'on appelle aujourd'hui un attachement sécurisant, formé grâce à un entourage attentif et bienveillant, favorise chez l'enfant plus âgé, et même chez le sujet devenu adolescent et adulte, une meilleure confiance en soi, une anxiété normalement contrôlée et un caractère optimiste, contrairement au devenir des jeunes enfants ayant été confrontés à un attachement insécurisant. Ces derniers deviennent des adolescents ou des adultes plus souvent anxieux, généralement pessimistes, équilibrant avec peine les moments de pessimisme, avec lesquels la vie nous demande de jouer chaque jour, et les élans d'optimisme plus difficilement accessibles.

« *Interdit aux bébés* »

Tant qu'un bébé est dans son lit ou dans son couffin, il jouit d'une liberté totale, pouvant bouger, toucher ses draps ou ses jouets, il peut faire du bruit avec le hochet qu'il tient dans ses mains ou au-dessus de son lit et même le jeter par-dessus les barreaux. Il est pris dans les bras, il reçoit des caresses et des bisous sans retenue. Mais dès qu'il peut sortir de ce « paradis » et découvrir un univers beaucoup plus varié, dès qu'il commence à se rouler par terre ou plus encore marcher à quatre pattes, les interdits surgissent : « Ne touche pas... ; pas là près de l'escalier ; attention, ça brûle ; ne touche pas à la télé ; ne prends pas mon smartphone » ; etc. Fasciné par ce qui brille, il n'a pas le droit de prendre un objet attirant dans ses mains.

Si la nuit, il fait un cauchemar et crie, on vient le voir. Il n'a presque plus le droit de rêver. Il y a de quoi perdre l'optimisme ressenti qu'il pouvait manifester par son goût du contact, par l'attirance qu'il suscitait, par la découverte du monde, de ses lumières et de ses bruits. Le conflit entre l'attrait, le désir et l'interdit apparaît progressivement. Il découvre cet équilibre entre le plaisir et l'optimisme d'un côté et la frustration et le pessimisme de l'autre. Certains diront que je prête au bébé beaucoup d'attentions et de sentiments, mais on sait aujourd'hui combien les bébés sont réceptifs au monde qui les entoure.

Cette capacité à supporter ce changement entre ce qui est permis et ce qui ne l'est pas pose la question d'un optimisme sous-jacent. C'est en observant, malgré les limites qui lui sont imposées, qu'il ne se replie pas sur lui-même ou ne manifeste pas des signes de souffrance par une absence de sommeil ou un refus de manger, que l'on peut penser que le bébé développe une faculté à surmonter sans résignation les contraintes qu'il découvre.

Les mesures de l'optimisme chez le bébé

Vous pouvez mesurer l'optimisme de votre bébé à partir des signes suivants :
- la qualité de son appétit et de son sommeil ;
- sa capacité de recherche active de satisfaction ;
- l'apparition et la multiplication de ses sourires et des réponses du même ordre aux vôtres ;
- sa curiosité pour le monde qui l'entoure et son désir de s'y déployer ;
- ses capacités à supporter d'être seul et les limites que vous lui posez.

Plus vous constaterez ces points, plus vous pourrez penser que votre bébé est optimiste et heureux. Cela vous permettra spontanément d'être vous-même rempli d'optimisme le concernant.

Si vous ne constatez pas ces différents points, ne vous inquiétez pas. Rien n'est joué. L'intérêt est que vous ayez les moyens de le rendre plus heureux : il a besoin que vous le preniez plus souvent dans vos bras, que vous le câliniez, le caressiez, lui parliez avec spontanéité et sans excès.

Ces points et ces conseils seront valables tout au long de l'enfance et même à l'adolescence, en tenant compte de son développement. D'autres conseils viendront s'y ajouter.

Chapitre 2

L'OPTIMISME ENTRE 2 ET 5 ANS

On peut considérer, dans la première partie de l'enfance, que la capacité de l'enfant à ne pas trop s'inquiéter de l'absence d'un adulte qui le rassure constitue un indice clé pour évaluer son potentiel d'optimisme. D'autres indices peuvent être pris en compte. Peu à peu, l'enfant s'affirme et prend des risques qu'il apprend à évaluer de mieux en mieux. On l'observe particulièrement quand l'enfant commence à toucher à tout ou, un peu plus tard, lorsqu'il fait ses premières promenades aventureuses, et qu'il se relève après avoir chuté.

En grandissant, il se défend contre ce qui lui paraît inaccessible ou interdit en exprimant – et en l'affirmant parfois avec excès – ses désirs et son besoin d'autonomie. Se passer de l'adulte, et en particulier de ses parents, devient un enjeu pour se sentir exister. Nous entrons dans l'âge de la recherche d'autonomie. La marche et l'acquisition du langage le conduisent vers une autonomie qui lui était jusqu'alors interdite. À cet âge, plusieurs facteurs comptent pour évaluer l'optimisme.

Conquérir son territoire et celui de l'autre

Est-il plus facile d'être optimiste pour soi ou pour les autres ? À cet âge, l'enfant donne le sentiment qu'il recherche surtout ce qui l'intéresse, lui, avant tout. On considère que l'égocentrisme est un trait dominant de cette période. La question est de savoir si c'est la conséquence d'un besoin de retrait sur soi ou d'une affirmation de soi. Cet égocentrisme peut en effet être la manifestation apparente d'une inhibition ou d'une timidité qui amène l'enfant à craindre ce que ses nouvelles acquisitions, la marche et la parole, vont lui permettre de vivre. Il en est désolé et cela peut le rendre plus pessimiste. Cet apaisement, la confiance et l'optimisme que l'enfant peut toujours « convoquer » en lui, est également plus difficilement accessible lorsque, souvent, pour des raisons de tempérament, la petite enfance est marquée par une très forte timidité. Celle-ci empêche de réaliser ses désirs.

Au contraire, cet égocentrisme peut être la manifestation d'un désir d'affirmer, grâce à ces nouvelles compétences, son désir de trouver sa place. Il ne voudra pas que son frère ou sa sœur touche les jouets qui lui appartiennent mais sera prêt à prendre les leurs. Il en sera de même avec les autres enfants de son âge qu'il invite chez lui ou qu'il rencontre à la crèche puis à la maternelle.

La conquête des espaces communs pour se faire son propre territoire témoigne déjà chez le jeune enfant du refus de se résigner face à ce qui le limite. Il peut s'agir du territoire au sens de son espace physique, une partie de la chambre, le rangement de ses jouets, son lit. Mais cela peut concerner son espace symbolique. L'enfant optimiste aime prendre la parole surtout si on ne la lui laisse pas. Il aime qu'on l'écoute, qu'on lui réponde. L'enfant devient sensible au sentiment qu'il peut avoir un espace physique et psychique propre. Faire des choses seul et/ou que les autres enfants ne peuvent pas avoir ou faire devient important. L'optimisme d'un enfant de cet âge se mesure à sa capacité d'être en compétition tout en ne se montrant pas trop malheureux de ne pas y arriver.

La curiosité et le début des « pourquoi »

En relation avec le comportement précédent, on pourra mesurer l'optimisme de cet enfant entre 2 et 5 ans à partir de la curiosité dont il fait preuve pour tout ce qui l'entoure. Il ne s'agit pas d'évaluer ici seulement les inquiétudes qu'il suscite quand il veut prendre un objet trop lourd ou toucher une prise électrique, mais d'observer que sa curiosité est à la hauteur de ses nouvelles possibilités et de ses intérêts. Le début de cette période est en effet marqué par le souhait qu'il a de pouvoir accéder à ce qui l'intéresse ou à ce qui stimule sa curiosité et par d'incessantes questions parfois désarçonnantes qui débutent toujours par des « pourquoi ».

À partir de 3 ou 4 ans, sa curiosité se manifestera aussi progressivement dans le champ de la sexualité. C'est la période au cours de laquelle l'enfant découvre la différence des sexes, l'excitation que cela suscite, et qui débute souvent par le plaisir provocant de prononcer le fameux « pipi caca » qui l'amuse beaucoup. Cette curiosité sexuelle infantile lui permet de se reconnaître comme un petit garçon ou une petite fille et de ne plus se désigner sur une photo en disant « c'est Sophie » ou « c'est David », mais « c'est moi ». Rapidement, il commencera par dire « je », confirmant ainsi l'acquisition de son identité propre.

Que se passe-t-il ainsi entre 3 et 5 ans ? La découverte de la différence des sexes, la prise de conscience de son identité propre (« Je suis un petit garçon », « Je suis une petite fille ») et de devoir affirmer son énergie pour se faire respecter font alors partie du développement psychique. À côté du désir de voir et du plaisir masturbatoire qui peuvent dominer à cet âge, l'enfant découvre le plaisir de penser, de regarder et d'apprendre, stades précurseurs de l'intelligence et de la sublimation culturelle.

Son développement dépend du besoin naturel de l'enfant de connaître ce que les adultes font, disent ou leur cachent. C'est ainsi qu'il accède, entre 2 et 3 ans, à cette période cruciale dans le développement du psychisme humain où la curiosité se développe. Son inhibition ou, encore plus, son absence peuvent être considérées comme un signe de retrait, de résignation ou de passivité, faisant craindre plus tard des attitudes plutôt pessimistes.

La ténacité efficace

S'il commence à s'affirmer, l'enfant pourra agir avec plus ou moins de ténacité et d'efficacité.

À cet âge, la ténacité est à la fois le signe d'un optimisme de l'enfant vis-à-vis de ses désirs et un indicateur de sa difficulté à accepter les règles qui font que ce désir ne peut pas toujours être exaucé. J'ai observé une autre petite fille, âgée de quatre ans de plus, qui a comme trait caractéristique de donner le sentiment de ne pas écouter ce que ses parents lui disent, au point qu'ils ont cru un moment qu'elle pouvait avoir des problèmes d'audition. J'ai assisté à la scène suivante qui amusait tous les adultes présents et qui confirmait la manière « optimiste » de cette enfant de s'opposer à toute résignation. Un adulte qu'elle connaît bien, venant dîner chez cette famille, lui apporte des bonbons. Souriante, elle ouvre très rapidement le sachet et en sort deux bonbons. Sa maman la regardant lui dit alors : « Tu en prends un après dîner et un demain. » Comme elle le fait souvent, donnant le sentiment qu'elle n'a pas entendu sa mère, elle prend un bonbon et le met dans sa bouche. On peut dire que son optimisme l'emporte sur une résignation liée à l'interdit maternel. Sa mère lui dit alors : « Qu'est-ce que je t'ai dit ? » Elle répond apparemment sans effronterie : « Un maintenant et un demain. » Sa mère lui renouvelle ce qu'elle a dit et lui demande de répéter. Elle répète alors correctement la phrase de sa mère et pose le bonbon qu'elle avait pris pour le manger. On peut ainsi dire que l'optimisme de cette petite fille est incontestable mais ne facilite pas le métier de ses parents.

Du désir au plaisir de jouer

Lorsque le petit enfant joue, il s'invente des possibilités certes imaginaires mais qui, pour lui, frôlent la vérité. Un peu plus tard, il fait semblant d'être celle ou celui qui domine le monde qui l'entoure, qui franchit les obstacles qu'elle ou qu'il s'est parfois lui-même créés ou construits. Peu à peu, il joue à prendre des risques pour réussir ou échouer sans pour autant se sentir détruit. On sait combien l'enfant aime jouer à cache-cache. Il s'agit beaucoup plus qu'il ne le montre d'un jeu d'aventure, de découverte qui éveille la curiosité et l'imaginaire.

L'enfant justifie ainsi ce que nous dit Rufin[1] : « Le risque est le contraire de la résignation. » On pourrait ici ajouter que l'aventure dope la matière grise, c'est ce qu'ont montré les neurobiologistes.

L'imaginaire chez l'enfant est inépuisable

Le jeu chez l'enfant est une source de plaisir incontestable. À l'inverse, l'enfant qui ne joue pas est un enfant triste. Entre 2 et 5 ans, le jeu est essentiellement imaginaire. Un imaginaire fantastique ou plus réaliste, mais toujours joyeux, mesure l'optimisme d'un enfant. On peut dire que c'est vrai à tous les âges de la vie. Les petits enfants nous le rappellent. Il suffit de les regarder vivre ou de voir leur fascination pour le jeu ou pour l'écoute de petites histoires qui font passer des pleurs aux rires.

L'imaginaire de cet âge s'exprime aussi intensément dans les jeux solitaires ou à plusieurs. Grâce à ses jeux auxquels l'enfant s'adonne parfois intensément, on peut aussi voir se dessiner la tendance de son caractère. Certains enfants ont des jeux où l'agressivité sera au premier plan durablement et parfois sans tenir compte de l'autre. D'autres enfants auront des jeux dans lesquels la réussite, la gaieté, la combativité, l'optimisme domineront. On peut aussi, à partir de leurs jeux favoris, comprendre que certains expriment un manque de confiance en eux, une résignation ou encore une manière pessimiste de voir les choses, notamment à la manière dont un personnage imaginaire se comporte en cas d'échec. Les psychothérapeutes d'enfants utilisent tout particulièrement le jeu pour mieux comprendre l'imaginaire de l'enfant.

Le désir de jouer

Tous les enfants aiment jouer. Les enfants plutôt pessimistes jouent peu ou au contraire se plongent excessivement dans des jeux imaginaires peuplés de monstres ou de violence et volontiers solitaires. Au contraire, plus l'enfant aime les jeux qui le font rire, qui suscitent des rires partagés et s'amuse en jouant avec d'autres, plus il manifeste sa tendance optimiste. En reprenant le jeu de cache-cache, on sait combien le fait d'avoir trouvé celui ou ceux qui se cachaient mais de ne pas le montrer suscite des rires.

« *C'est moi qui gagne* »

Aucun enfant n'aime perdre, mais déjà à cet âge, le petit optimiste comprend que gagner est préférable à perdre. En acceptant aussi de perdre et de rejouer, il montre de façon implicite qu'il a l'espoir de faire mieux. Un enfant plus pessimiste n'aimera pas perdre, refusera de rejouer s'il a perdu, perdant confiance en lui, ou n'aimera pas se mettre en situation de compétition.

Jouer pour faire rire

Dès cet âge, il peut chercher en jouant à faire rire. Le degré d'optimisme d'un enfant se détermine aussi par sa capacité spontanée à s'amuser, à rire et à faire rire. Surtout si le contexte familial est morose ou même triste, l'enfant optimiste trouve des ressources en lui pour détendre l'atmosphère comme les adultes savent le faire dans les mêmes circonstances. N'est pas comique qui veut, on dit même que les comiques sont des personnes tristes. Le naturel de l'enfant l'emporte sur le rôle à jouer. Celui qui cherche à faire rire ses parents cherche à communiquer sa gaieté et son optimisme et pour lui-même à fuir ce qui le rend triste. L'enfant est plus heureux de pouvoir mieux attendrir ou intéresser ses parents que ses frères et sœurs.

Comment l'esprit se développe pour affronter les peurs

Comment à mesure qu'il grandit l'enfant résiste-t-il à ses angoisses et comment s'en défend-il pour conserver son optimisme ? Cet apprentissage se fait de nombreuses manières : par les interactions à la maison avec les parents, ses frères et sœurs, puis dans les relations avec les petits camarades de la crèche et de la maternelle, ou lors des rituels de la vie quotidienne comme la lecture de l'histoire le soir au coucher.

L'affirmation de soi et l'action, attitudes déjà observables à cet âge, sont des signes d'optimisme. Elles doivent peu à peu remplacer les attitudes antérieures que j'ai déjà présentées chez l'enfant plus jeune comme sa capacité à supporter l'absence de son père et celle d'être seul. Quand un enfant a trop recours à ses parents, à ses frères et sœurs, à ses maîtresses de maternelle, il est compréhensible de penser qu'il n'a pas suffisamment confiance en lui. Cela peut être source d'un rejet de la part de ceux qui souhaitent qu'il s'autonomise mieux mais qui risquent au contraire de le rendre encore plus pessimiste sur ses capacités. Sans le penser exactement comme cela, il se déçoit lui-même. Il peut même vis-à-vis des autres enfants avoir honte ou se sentir coupable vis-à-vis des adultes qui l'entourent. Un cercle vicieux risque de s'installer. Le sentiment de rejet par exemple de ne pas participer à une activité ou de ne pas être choisi par ses camarades pour jouer sera ainsi atténué par ses stratégies mentales comme le déni (« Je m'en fiche, je ne voulais pas jouer »), la projection (« C'est parce qu'ils ont peur que je joue mieux qu'eux ») ou l'identification (« Les bons élèves ne jouent pas à ce jeu, ils lisent »).

Peu à peu, l'enfant enrichit ses ressources mentales contre les angoisses qu'il ressent. Il utilise toujours le « déni de la réalité » et surtout cette « projection » qui permet d'attribuer au monde extérieur et aux autres ce qui déplaît ou ce qui fait souffrir. Il rejette à l'extérieur ce qu'il ressent intérieurement : l'agressivité, les peurs, puis les fautes commises ; « Ce n'est pas moi, c'est l'autre », dira-t-il maintenant qu'il parle. Un des meilleurs exemples de ces capacités, souvent cité par les psychologues, est la situation fréquente des mamans, et maintenant aussi des papas, qui lisent ou racontent une histoire pour aider leur petit à s'endormir. Les parents s'étonnent souvent que l'enfant demande toujours la même histoire bien que celle-ci mette souvent en scène des personnages sous la forme d'animaux, dangereux ou malveillants. Depuis *Le Petit Chaperon rouge* jusqu'à *Babar*, dont les chasseurs ont tué la maman, l'horreur semble donc au rendez-vous soir après soir. Pourquoi, alors, les enfants en redemandent-ils ? Et pourquoi choisissent-ils ce type d'histoire plutôt qu'une autre ? En réalité, ils développent, sans le savoir, mais avec un plaisir évident, des modalités considérées comme les plus efficaces pour se défendre contre une angoisse envahissante. En effet, l'écoute d'une histoire qui fait peur permet non seulement de projeter ses propres sentiments agressifs et hostiles sur les personnages menaçants – les dragons qui fascinent, par exemple –, mais cela contribue aussi à déplacer l'angoisse d'être dévoré ou abandonné sur une créature imaginaire qu'on visualise comme quasi réelle. Si ces histoires ou ces contes ont un tel succès, c'est aussi qu'il y a toujours un auxiliaire pour aider le personnage principal. Le recours à autrui montre une capacité de confiance, expression de l'optimisme. Par ailleurs, jusqu'à 2 ou 3 ans, l'enfant ne connaît pas la rumination. Celle-ci peut apparaître plus tard et risque, si elle perdure, de produire nombre de soucis et un pessimisme stérile.

Les mesures de l'optimisme chez l'enfant entre 2 et 5 ans

Vous pouvez mesurer l'optimisme de votre enfant de 2 à 5 ans à partir des signes suivants :
– sa recherche d'autonomie plutôt que sa dépendance ;
– sa curiosité plutôt que son inhibition ;

– sa ténacité plutôt que son instabilité ;
– sa capacité à exprimer ce qu'il veut sans trop craindre qu'il ne l'obtienne pas (sait dire ce qu'il aime à table mais accepte les autres aliments) ;
– son désir et son plaisir de jouer agréablement seul et avec les autres mais en acceptant sans trop de difficultés de s'arrêter ;
– l'enrichissement de ses moyens pour gérer son stress.

Vous avez les moyens de le rendre plus optimiste s'il devient difficile et vous soucie. Durant toute l'enfance, mais particulièrement entre 2 et 5 ans, l'optimisme dépend aussi de ce qu'on appelle le *caregiving*[2]. Le *caregiving* correspond à quatre dimensions : la capacité des parents à être sensibles aux manifestations de joie ou de peur de leur enfant et d'y répondre de façon appropriée, la possibilité d'accepter les comportements qui vont se modifier à mesure que l'enfant grandit, l'adaptation aux rythmes de l'enfant et à ses différents modes d'énergie et enfin la disponibilité émotionnelle. Pour cela, il vaut mieux être au moins deux, père et mère, si ce n'est plus, les grands-parents pouvant être si possible une ressource utile.

Chapitre 3

L'OPTIMISME ENTRE 5 ET 10 ANS

Il grandit, il fait son entrée à l'école, d'autres repères apparaissent pour évaluer l'optimisme. L'enfant traverse maintenant une nouvelle période de développement physique mais surtout intellectuel et psychique. Il n'empêche que son entrée à l'école primaire maintient son désir de jouer, y compris à des jeux imaginaires comme il le faisait auparavant. Cependant, les jeux deviennent plus variés et plus organisés. Les années passant, il s'intéressera même à des jeux éducatifs ou sérieux comme le jeu de dames puis les échecs. C'est aussi le moment ou il commence à avoir des hobbies, signe incontestable de sa capacité à se passionner, s'engager et développer une attitude active autre que simplement physique. Anna Freud soulignait que le hobby se situe à mi-chemin entre le jeu et le travail. Il donne à la fois du plaisir, souvent du plaisir de faire, il développe aussi bien les capacités intellectuelles qu'une discipline scolaire. Cela peut aller de la collection des cartes échangées avec les camarades jusqu'à l'envie de faire de la magie. Ces signes d'intérêt témoignent de la curiosité, de l'engagement et de l'espoir de l'enfant de réussir ce qu'il entreprend. On peut déjà, à partir de ces caractéristiques, mesurer une tendance plutôt optimiste ou pessimiste. Au cours de cette période, l'aider à développer ses passions et ses relations sociales constitue un vrai support pour développer sa tendance optimiste.

Avoir des ami(e)s

Entre 5 et 10 ans, la camaraderie et l'amitié commencent à prendre toute leur importance. La relation aux autres, déjà ébauchée à la période précédente, devient un enjeu de sociabilité marquant le goût de l'enfant pour les relations sociales. L'entrée à l'école primaire le favorise et cette relation aux autres dépend aussi du caractère plutôt optimiste ou plutôt pessimiste de l'enfant. Elle permet d'en mesurer le degré. Il existe à cet âge des enfants plus inhibés que d'autres qui ont des difficultés à nouer des relations, ce qui peut être source ou conséquence d'une tendance pessimiste. Ils demanderont volontiers à établir des liens plus rassurants, avec un animal par exemple, ou développeront d'autres intérêts, mais il n'en demeure pas moins qu'ils ont des difficultés à aller vers les autres et les autres vers eux. L'enfant de caractère timide n'extériorise pas facilement son énergie et ses désirs face à l'incertain et même à l'inconnu que représentent les autres enfants ou les adultes. Christophe André, dans son livre qui a fait date, *Vivre heureux*[1], définit l'optimisme par le fait que la personne « suppose, face à l'incertain, qu'il existe une issue favorable et se donne le droit d'agir pour la faciliter ». Cela ne veut pas dire que nous ne possédons pas en nous cette capacité d'être optimiste, mais nous avons du mal à la laisser s'exprimer, parce que nous avons pris l'habitude de la contenir. Au fil du temps, nous avons même pu nous sentir habités par un sentiment d'échec dans nos relations aux autres et vivre des situations sociales, quelles qu'elles soient, avec un certain pessimisme, en les abordant avec appréhension ou en les évitant. Ce pessimisme a fini par altérer l'image que nous avons de nous-mêmes et de la vie en général. Tout cela se construit généralement dans cette période de l'enfance, entre 5 et 10 ans.

Le désir d'apprendre

Le désir d'apprendre est l'enjeu capital de l'apprentissage scolaire, qui débute dès la grande section de maternelle. Comment un jeune sujet vit-il cette relation d'apprentissage ? De nombreux travaux ont exploré ce sujet. Certains s'intéressent surtout à ce qui pourrait entraver la curiosité de l'enfant : l'angoisse, une « difficulté instrumentale » comme une dyslexie, une dyspraxie ou une dyscalculie, un problème familial trop préoccupant (disputes ou séparation des parents, arrivée d'un plus petit, maladie) ou social. D'autres travaux se sont penchés sur les modes d'enseignement. Après avoir été à l'origine de nombreuses méthodes d'apprentissage de la lecture, de l'écriture et du calcul qui se sont montrées plus ou moins fécondes, le point de vue aujourd'hui privilégié est celui de l'enfant dans sa relation dynamique avec l'enseignant[2]. Cette réflexion oriente la question des apprentissages vers l'idée d'une dynamique du lien entre l'enfant et l'autre dans lequel le savoir est « à prendre ».

D'où vient le désir d'apprendre ? La curiosité qui se développe lors de la période des 2 à 5 ans est sans doute la première racine à l'origine du désir d'apprendre. La curiosité est naturelle chez l'enfant, encore faut-il la favoriser et la nourrir. Son développement dépend du besoin naturel de l'enfant de connaître ce que les adultes font, disent ou lui cachent. Apprendre nécessite probablement plus que la simple curiosité. C'est aussi savoir se confronter à des problèmes variés qui nécessitent l'espoir, la force, le courage et le goût de les résoudre. L'enfant, dès son entrée à l'école primaire, partage, à un certain niveau, la même démarche que celle du chercheur. En cela, la curiosité et le goût de découvrir sont des qualités qui sous-tendent le désir d'apprendre. L'ensemble de ces qualités relevant d'une démarche optimiste permet, selon leur importance, d'évaluer et de favoriser le degré d'optimisme de l'enfant. L'enseignement devrait du reste prendre en compte l'intérêt que la découverte suscite dans l'esprit des enfants plutôt que retenir simplement de mémoire ce qu'on apprend. Il est incontestable que les aventures des personnages de bandes dessinées, de films ou de livres intéressent plus l'enfant qu'apprendre par cœur une scène d'une pièce de Racine, si passionnante soit-elle pour un adulte dont l'esprit littéraire y est sensible.

Développer une pensée optimiste

Chacun peut se représenter aisément le mode de pensée optimiste. Pour définir ou parler d'optimisme on peut s'appuyer sur trois manières de penser qui peuvent être observées à partir du moment où l'enfant parle, donne son point de vue et porte des jugements.

Une disposition à penser positivement le futur

L'optimisme se définit d'abord comme une attitude face à la vie où l'on s'attend à vivre des événements plutôt positifs que négatifs, et qui autorise à penser que les choses vont plutôt s'arranger. C'est une confiance générale en la possibilité d'obtenir des résultats positifs par la pensée, de ressentir des sentiments, de vivre des comportements et des expériences positives. La rentrée scolaire est un bon test. Les enfants optimistes s'attendent à vivre des choses positives dans leur nouvelle année ou leur nouvelle école alors que les pessimistes s'attendent à vivre des expériences négatives.

Cette attitude se caractérise aussi par une estimation subjective mais suffisamment réaliste des probabilités de réussite. L'enfant exprimera facilement son optimisme, même parfois trop selon ses parents, qui constatent alors, avec l'expérience, qu'il s'agit non pas d'optimisme mais d'un excès d'optimisme. S'il y a un écart important entre les objectifs de réussite et la situation rencontrée, l'enfant, dès cet âge, amorce implicitement une évaluation des risques et une réponse à l'erreur détectée. Si l'écart ou les contradictions entre les objectifs et les moyens sont réduits, il sera tenace et produira un nouvel effort pour atteindre ses objectifs. Ainsi un enfant optimiste sera persévérant et saura maintenir sa vision positive du futur pour résoudre les problèmes rencontrés.

Cette définition n'est pas très éloignée de celle de l'espoir, ou de l'espoir d'atteindre ses buts. Les chercheurs parlent ici d'optimisme de « disposition », « une disposition spécifique à penser positivement le futur[3] », voulant dire que les enfants et les adultes optimistes sont des personnes qui s'attendent à vivre des expériences positives.

Une explication particulière des événements favorables ou défavorables

Tout comme chez l'adulte, l'optimisme de l'enfant se mesure aussi à la manière qu'il a d'expliquer les événements. Par exemple, les enfants optimistes se sentent à l'origine d'événements positifs qui les concernent et expliquent les faits négatifs par des facteurs externes qui ne dépendent pas d'eux ou qui sont liés au hasard.

Le mode explicatif pessimiste est le contraire du mode explicatif optimiste. L'enfant pessimiste dira ou pensera généralement que les choses n'iront pas bien, avant même d'avoir commencé une activité ou d'imaginer son futur plus ou moins proche.

Face à un événement agréable ou à une réussite de sa part, le point de vue optimiste de l'enfant le poussera à dire que cet événement agréable ou sa réussite s'explique par une attitude permanente plutôt que temporaire et générale plutôt que spécifique : « En général, je suis bon en sport. »

Si l'enfant se montre plutôt pessimiste, ce sera l'inverse : « Je suis seulement bon en dessin. » Ce « mode explicatif » ou « style d'attribution » correspond à la manière dont l'enfant explique généralement ce qui se passe, ce qui lui arrive ou ce qu'il pense. C'est une véritable stratégie mentale, une règle générale de l'esprit, qui s'applique, comme la règle d'un jeu, à la manière de penser. On peut ainsi comprendre comment un enfant explique de façon plus fréquente et dans plusieurs domaines les événements positifs qu'il vit.

Face à un échec scolaire ou sportif ou face à une difficulté avec ses camarades ou ses amis, l'optimiste pourra dire :

- Soit que cet échec est passager et que la prochaine fois ça ira mieux (« optimisme de disposition »). Il privilégiera alors l'aspect temporaire plutôt qu'un sentiment permanent dans l'explication de ce qui s'est passé.
- Soit que cet échec est lié aux circonstances, mais qu'il a fait tout ce qu'il pouvait pour essayer de l'éviter comme il le fait d'habitude (optimisme d'attribution). Il privilégiera l'aspect spécifique plutôt qu'une généralité dans les raisons de cet échec.
- Soit les deux, ce qui confirmera son mode de pensée optimiste.

L'enfant plutôt pessimiste aura une explication généralement inverse. Il aura plutôt tendance à croire que la situation désagréable perdurera dans le temps, c'est-à-dire qu'un problème ayant trait aux apprentissages ou aux relations d'amitié par exemple durera ou se répétera : « De toute manière, je suis nul en maths », « Je n'ai jamais de copains », dira-t-il ; que la situation est « interne », c'est-à-dire relevant de la responsabilité de l'enfant et d'une culpabilité toujours à fleur de peau ; et qu'elle est « générale », c'est-à-dire qu'elle se répétera dans d'autres domaines de sa vie : « Je suis nul à l'école, en fait je suis nul en tout », « Personne ne m'aime à l'école, c'est pareil à la maison. »

Notons que ces deux modes de pensée dominants chez l'enfant, optimiste ou pessimiste, n'empêchent pas qu'à une occasion donnée, ils puissent s'inverser. À cet âge, on évaluera plutôt une tendance générale qu'un mode de pensée réactif à une situation particulière.

Un sentiment personnel d'efficacité

Dans le cas de l'optimisme, le « style explicatif » ou la « stratégie mentale », qui n'est pas consciente, mais qui est généralement observée par l'entourage, s'apparente à un sentiment général de maîtrise suffisante des comportements qui permet d'aboutir au résultat souhaité et à un sentiment de confiance découlant des expériences déjà vécues. Par là même, les enfants optimistes tendent à faire ce qui est nécessaire à ce qu'ils entreprennent.

L'optimisme se caractérise enfin par une confiance en soi et un sentiment personnel d'efficacité qui se manifestent en particulier, pour certains, dans les jeux entre enfants.

Le style explicatif des événements, optimiste ou pessimiste, évolue-t-il en fonction de l'âge et du sexe ? Il semblerait qu'il se stabilise entre 8 et 13 ans. L'évolution ensuite dépendrait du sexe : les garçons deviendraient de plus en plus optimistes après 13 ans et les filles l'inverse, entre 11 et 13 ans, pour ensuite rester stables. Cela pourrait être lié à la manière dont on explique aux filles et aux garçons leur réussite ou leur échec : chez les filles ce serait volontiers en raison de facteurs internes et stables (le manque d'aptitude !) alors que chez les garçons on l'expliquerait plus volontiers par des facteurs instables (le manque de travail !). On voit ici la persistance des vieux stéréotypes. Surtout, les transformations de la puberté sont vécues différemment chez le garçon (la force) et chez les filles (la silhouette) qui ont du mal à les accepter et les contrôler à cet âge. L'existence d'un style moins optimiste chez les filles que chez les garçons a été confirmée dans les domaines scolaire et sportif.

Quant aux origines du « style explicatif » chez tel enfant par rapport à tel autre, la question est ouverte. Il semble ici que les facteurs génétiques n'aient qu'une influence indirecte en prédisposant la personne à certaines expériences positives ou négatives[4]. En revanche, des études montrent que des expériences personnelles comme les maltraitances, les maladies ou de graves échecs dans des domaines importants peuvent avoir des conséquences sur la genèse d'un mode explicatif pessimiste[5].

L'influence des médias n'est peut-être pas à sous-estimer non plus. Les scènes répétées d'agression et de violence présentées de façon récurrente dans les journaux télévisés, les séries et les films augmenteraient un sentiment d'insécurité, susceptible de générer du pessimisme et cela d'autant plus que les spectateurs sont jeunes[6,7].

Un cercle vertueux : optimisme et confiance en soi

Si l'enfant persiste dans son point de vue pessimiste, il finit par ne plus rien tenter et risque de manquer des occasions de réussir alors que celui qui est habité suffisamment longtemps par un point de vue optimiste, aidé par ce qu'il réussit, renforce ses croyances dans l'attente de bonnes choses de la vie. Plus encore, les réussites obtenues grâce à l'optimisme sur lequel l'enfant s'est appuyé l'amènent à augmenter sa confiance en lui et à réfléchir à ce qui dépend de lui dans cet état d'esprit. Il est bon de cultiver la croyance que son propre comportement mène au résultat souhaité. Cette croyance renforce l'efficacité et par là l'optimisme. La boucle est bouclée. Là aussi, se retourner vers ce bébé conquérant le monde et surmontant ses frustrations puis ses angoisses peut aider à penser que le cycle de la vie est en lui-même vertueux. L'adulte, mère et père, anticipe, parfois avec anxiété mais aussi avec optimisme la naissance de l'enfant qui, dès la période fœtale[8], ressent cette attente de la vie. Cela nourrit peut-être sa faculté optimiste de prendre le monde à bras-le-corps, certes avec ses tout petits bras, mais, grâce à cela, le bébé se développe, grandit et pourra devenir un jour à son tour parent.

J'ai observé de nombreuses fois que des enfants pouvaient se sentir pris au piège, à leur insu, d'un cercle vicieux et exprimer ainsi leur pessimisme : « Je n'y arrive pas, je me décourage, j'y arrive encore moins et je ne m'en sors plus. » J'ai tout autant vérifié la possibilité d'inverser ces cycles. Depuis le début de notre scolarité jusqu'à notre retraite nous travaillons. Comment en faire un intérêt plutôt qu'une épreuve douloureuse chaque matin en nous levant ? Schawn Achor, enseignant à Harvard, nous donne la solution et, par là même, la possibilité de nous inscrire dans un « cercle heureux » : d'un point de vue général, on pense souvent que si nous travaillons dur, nous réussirons mieux, et que si nous réussissons, alors nous serons heureux. Mais l'inverse n'est-il pas vrai aussi : si nous sommes optimistes nous réussissons mieux et si nous réussissons mieux, nous sommes plus motivés pour travailler ; la boucle est bouclée[9]. À partir de 6 ou 7 ans l'enfant peut tout à fait se rendre compte de cela.

La durée des bonnes résolutions

Avant 5 ans, l'enfant vit plus dans l'instant que dans la durée. Du reste, il aura du mal à se représenter et à comprendre le déroulement du temps. Lorsqu'on lui dit : « On partira voir tes grands-parents dans trois semaines », ou « La rentrée scolaire est le 5 septembre » alors que ses vacances ne font que débuter, il est pris au dépourvu si le moment venu on lui rappelle ce qu'on lui avait dit. Il en est de même lorsqu'on aborde la question des bonnes résolutions : « Ce mois-ci, tu seras plus sage à l'école » ou encore « Tu ne prendras plus les jouets de ton frère ou de ta sœur ». Il peut facilement et en toute bonne foi vous dire « Oui », mais ne soyez pas étonnés qu'il n'en fasse rien. Cela ne préjugera en rien de son degré de pessimisme ou d'optimisme ; cela mettra plutôt le vôtre à l'épreuve.

La durée des bonnes résolutions est un bon test pour mesurer l'optimisme à partir de 5 ou 6 ans et celui de l'adolescent. La représentation du temps, du déroulement des événements et de la durée durant laquelle une activité ou un projet doit se faire n'existe qu'à partir de cet âge. J'ai déjà parlé de la ténacité, comme d'une attitude comportementale spécifique et observable, signe d'optimisme chez l'enfant avant 5 ans. Maintenant l'enfant devient capable de prendre des résolutions et de s'y tenir plus ou moins. Cela dépendra bien sûr de son acceptation, du degré de plaisir qu'il a à s'y soumettre, mais aussi de sa motivation et de sa confiance en lui pour s'y tenir pendant un temps suffisant dont il se représente beaucoup mieux la durée.

Par moments, en particulier à la rentrée des classes ou en début d'année, il est courant d'aborder la question des bonnes résolutions : « Je travaillerai mieux ou je vais m'y mettre dès le premier trimestre ou encore je regarderai moins souvent la télévision ou ma tablette », etc. Elles ne manquent pas, mais le problème est de les faire durer. Difficile de tenir les résolutions de la rentrée tout au long de l'année. Il s'agit donc d'un bon critère d'évaluation du degré d'optimisme de l'enfant, c'est-à-dire de sa motivation, reposant plus sur la carotte, c'est-à-dire le plaisir, que sur le bâton, ou la contrainte, et sa capacité d'avoir suffisamment confiance en lui pour se sentir capable de réussir. Ce qui est vrai pour la rentrée scolaire l'est tout autant pour le choix d'une activité périscolaire ou pour un comportement à la maison. Il s'agit aussi de proposer de mettre en pratique ces bonnes résolutions dans les domaines où l'on sent que l'enfant peut y parvenir. Même si son degré d'optimisme est important, il ne faut pas, parfois involontairement, le mettre en échec quand celui-ci est fortement prévisible. Il est préférable de demander cet effort là où il peut progresser en travaillant mieux ou plus facilement.

Un exemple me vient à l'esprit d'un garçon de 8 ans dont la maman se plaignait qu'il ne travaille pas suffisamment le français qui, disait-il, ne l'intéressait pas alors qu'il réussissait bien en mathématiques. À la rentrée scolaire de l'année suivante, elle lui demande de prendre la résolution de travailler plus sérieusement le français. Elle sait qu'il peut le faire parce qu'il n'y a pas de raison qu'il se désintéresse du français, qu'il en a les capacités et que son fils est un garçon qui n'aime pas l'échec. Il s'agit en effet d'un enfant plus combatif que résigné. Cette maman a raison, car, à la fin du premier trimestre de sa nouvelle année scolaire, son fils voit ses notes monter en français grâce au travail fourni et à ses bonnes résolutions. La partie n'est pas définitivement gagnée mais elle a été bien jouée. Cette maman a su s'appuyer sur les qualités de son fils, son désir de réussir et son souci d'être apprécié de ses parents, en particulier par rapport à son frère.

Face aux nouvelles peurs

Comment, en grandissant, l'enfant résiste-t-il à ses angoisses et s'en défend-il pour conserver son optimisme ? Cette capacité est le fruit d'un apprentissage qui peut prendre différentes formes : lors des interactions avec les parents, les frères et sœurs, puis dans les relations avec les petits camarades de la crèche et de la maternelle, ou lors des rituels de la vie quotidienne comme le moment de la lecture de l'histoire le soir au coucher.

Le développement des points de vue moraux, permettant de se donner une bonne image auprès de ses parents, résulte de la montée en puissance, normale à cet âge, de la formation réactionnelle contre les pulsions. Il en est ainsi de la pudeur des enfants ou du dégoût qui va suivre sur les questions d'ordre sexuel, attitude à l'opposé de la période précédente.

Au cours de cette période, la plupart des ressources les plus élaborées et les plus utiles pour se sentir bien dans sa peau se mettent en place. Certains chercheurs et cliniciens caractérisent même cet âge par le plaisir du fonctionnement du Moi[10]. C'est l'étape essentielle du développement de la sublimation, ce pilier psychique qui sera d'une grande aide tout au long de l'existence. Il s'agit de cette capacité humaine à porter ses désirs personnels vers des activités intellectuelles ou artistiques plutôt qu'instinctuelles comme manger, boire, dormir, se battre ou chez l'adolescent ne penser qu'au sexe.

À la suite de l'apprentissage de la lecture et de l'écriture, et grâce aux intérêts nouveaux qu'il développe pour le monde extérieur, l'enfant prend un vif intérêt à manier le langage, à aiguiser sa curiosité mais aussi à fantasmer et à rêver. Le refoulement mais aussi la rêverie sont utilisés plus fréquemment comme des ressources efficaces pour réfléchir, planifier, fixer des objectifs, toutes opérations mentales sources d'optimisme. L'ensemble de ces piliers marque peu à peu la formation du caractère optimiste.

Dès l'âge de 6 ou 7 ans, se développent d'autres ressources sur lesquelles la tendance optimiste d'un enfant pourra se mesurer et sur lesquelles il pourra également s'appuyer pour être plus optimiste sur lui-même ou sur ses relations aux autres, enfants et adultes. La capacité d'anticiper dans les jeux ou dans ses devoirs d'école, l'humour qu'il manifeste dont je reparlerai (p. 85) ou la sublimation vers des connaissances ou des goûts artistiques, qui fait qu'on ne le traîne plus au musée, l'orientent vers des activités socialement valorisées, intellectuelles, artistiques ou morales.

Les vacances hors de la famille sont l'occasion de tester ses différentes modalités défensives et ses ressources personnelles. Certains s'en sortiront bien, ils vivront avec plaisir cette aventure heureuse et pourront affirmer avec optimisme leur autonomie ; d'autres, à l'inverse, auront tendance à régresser, à se replier sur eux-mêmes ou à exprimer leur mal-être et leur pessimisme par des plaintes somatiques qu'ils réservaient jusque-là aux jours d'école...

L'enfant, à cet âge, apprend de mieux en mieux, en faisant le choix de s'identifier aux autres, aux enfants plus âgés qui l'entourent et à d'autres adultes que ses parents. Il s'identifie également aux personnages des histoires qu'on lui lit ou qu'il lit lui-même. Les succès du *Roi lion* ou d'*Harry Potter* en sont de magnifiques exemples. On peut retrouver, dans ces histoires, l'ensemble des ressources dont l'enfant dispose déjà très tôt, comme l'attrait du héros, du fantastique ou du lien aux autres. On peut donc dire que, quel que soit son âge, qu'il s'agisse d'histoires simples ou plus complexes qu'on lui raconte ou qu'il se raconte à lui-même, le jeune enfant intériorise, à son insu, différentes ressources psychiques qu'il pourra utiliser de mieux en mieux dans les situations de la vie quotidienne, ressources qui lui permettront de se sentir suffisamment optimiste pour y faire face.

Il comprend aussi rapidement que les capacités qu'il acquiert peu à peu servent son désir d'autonomie et de maîtrise, qu'elles lui donnent des possibilités d'agir et de jouer qui pourront le protéger contre ce qui le rendra triste ou pessimiste, comme la séparation et l'absence de l'adulte protecteur. Il acquiert de la sorte au fil du temps les moyens de se protéger lui-même pour développer sa confiance dans le futur, facteur d'optimisme. Il en tire une fierté, une confiance et un plaisir supplémentaires.

Évidemment, l'identification aux ressources mentales des parents détermine celles qu'il utilisera. Même si un très petit comprend, par exemple, que c'est en souriant comme le fait sa maman ou son papa qu'on obtient ce qu'on désire et que c'est en disant « non » qu'on fait respecter la personne que l'on est, l'enfant plus âgé reproduira à l'égard des autres cette façon d'être. Enfin, l'enfant de cet âge saura recourir à autrui pour se faire aider et en fera de même. Plus il est confiant et optimiste, plus il saura devenir attentif aux autres et agir pour les aider.

Les mesures de l'optimisme chez l'enfant entre 5 et 10 ans

Vous pouvez mesurer l'optimisme de votre enfant entre 5 et 10 ans à partir des indicateurs suivants :

- sa capacité à se faire des amis ;
- son désir d'apprendre malgré les efforts que cela demande ;
- le développement des manifestations d'un mode de pensée optimiste ;
- sa capacité de choisir une ou des activités dont il ne se décourage pas trop vite (sport, musique, etc.) ;
- la durée de ses bonnes résolutions ;
- le développement de la diversité des ressources intérieures lui permettant de gérer ses pulsions et ses angoisses.

Chapitre 4

L'ADOLESCENT PEUT-IL ÊTRE OPTIMISTE ?

Mesurer l'optimisme chez l'adolescent ou le jeune adulte n'est pas une tâche facile. Il faut d'abord souligner qu'il s'agit d'une longue période de la vie, environ une quinzaine d'années, de 10 à 25 ans dans la mesure où on considère que l'adolescence commence nettement plus tôt et finit, pour beaucoup, plus tard que pour les générations précédentes.

Face à un adolescent morose, critique provocateur et s'opposant à tout ce qu'on dit, est-il légitime de s'inquiéter de son caractère profond ? Ces humeurs, ces attitudes tiennent-elles seulement à cette période particulière ou sont-elles des traits de caractère qui n'ont rien de passager ? L'adolescence favorise-t-elle des comportements relevant d'un pessimisme manifeste ou est-elle plus complexe ? J'ai présenté le bébé comme un optimiste qui s'ignore. Le bébé, que les adolescents ont été, explique, certes en partie, ce qu'ils sont devenus, mais les adolescents qu'ils sont aujourd'hui peuvent en permanence, quand tout se passe bien, réécrire, retraduire, reconstruire, remanier, et finalement transformer, les traces de leur histoire infantile première. Rien n'est jamais figé.

Face à un adolescent pessimiste, il sera utile de lui rappeler ses bons souvenirs et que « *It's never too late to have a happy childhood*[1] » !

Quand l'adolescent recherche un soutien agréable ou amoureux, quand il fait preuve de curiosité plutôt que de renfermement sur lui, quand il se révolte plutôt que de se résigner par amour d'une idée ou d'une éthique, quand il sait prendre des risques mesurés, il retrouve et renforce ces attitudes, qui furent source d'optimisme dans son enfance. Cela survient chaque fois qu'il fait preuve d'émerveillement et d'enthousiasme, réveillant ce qu'il a inconsciemment ressenti dans ses premières rencontres avec la vie.

C'est ce « réenfantement » de la vie qui permet d'oser l'aventure. Il s'agit tout simplement de redevenir le magicien imaginaire qui croyait que tout était possible, se sentir capable d'être le héros des contes, qui assume son destin de bout en bout. Si l'adolescent n'y parvient pas seul, son optimisme, qui n'est ni béat ni mégalomaniaque, lui permet, comme par le passé, de chercher en lui une voix bienveillante qui le conseillera, le rassurera pour mener de nouvelles expériences en rapport avec son âge.

Différencier ce qui est ponctuel de ce qui persiste

Au cours de l'adolescence, il existe une assez grande variation des états d'âme et des modes de relation à soi et aux autres. Cette période est traversée de menaces qui si elles restent temporaires n'entraveront pas la vie du sujet, mais peuvent modifier son caractère et parfois même peser sur son avenir, le préparant mal à être plutôt optimiste dans le futur, si elles deviennent plus durables.

Ces trois principales menaces que j'ai fréquemment rencontrées chez les jeunes sont : la menace de la « paradoxalité », la menace de la dépendance à l'égard des autres ou aux moyens qui permettent de la renforcer – drogue, alcool, Internet et jeux en ligne –, et enfin la menace dépressive qui touche évidemment plus facilement les jeunes qui n'ont pas construit au cours de l'enfance un optimisme suffisamment solide.

La menace de « paradoxalité » se manifeste par des attitudes surprenantes. De même que tout adolescent peut par moments être charmant et à d'autres agressif, généreux et égoïste, attentif aux conseils ou au contraire les rejeter, extrêmement variable dans ses états d'âme. Quand ces alternances s'installent et deviennent une véritable manière d'être, on pourra parler de menace de « paradoxalité ». Il sera alors bien délicat de mesurer le rapport entre optimisme et pessimisme.

La menace de « dépendance » se situe incontestablement à l'opposé de l'expression de l'optimisme à cet âge. Tout ce qui caractérise l'optimisme, l'énergie, la combativité (à distinguer de l'agressivité), l'esprit de compétition, le goût des relations aux autres, la recherche d'activités valorisantes qui ont du sens, le refus de la morosité ambiante, est entravé par la menace de dépendance, souvent elle aussi paradoxale. En effet, cherchant des réponses à ses interrogations et ses angoisses intérieures, le sujet se sent attiré par ce qui est extérieur à lui. Cette attirance pour des moyens externes est souvent présentée comme une démarche pour se détacher de ses parents, devenir plus indépendant, mais en réalité c'est un leurre puisque le sujet retombe dans une autre dépendance. Tôt ou tard, elle montrera ses limites et rendra le sujet pessimiste quant à ses propres capacités, ses idéaux et l'estime qu'il a de lui-même.

La « menace dépressive » représente le troisième risque dans la construction de l'optimisme à cet âge. J'ai rencontré cette menace chez des adolescents et des jeunes adultes dans deux cas opposés. Soit ils avaient eu du mal à avoir une vision optimiste de la vie suffisamment solide en raison de facteurs sociaux ou éducatifs défavorables ; soit ils avaient présenté un optimisme excessif dû à un environnement trop favorable ou à une méconnaissance des réalités. Je donnerai l'exemple ici de jeunes très favorisés sur le plan social ou financier ou d'adolescents ayant franchi très facilement les étapes scolaires sans avoir vraiment travaillé et qui découvrent qu'il faut fournir travail et effort pour poursuivre une scolarité devenue plus exigeante. Ils sont alors pris d'un vertige qui les fige dans un sentiment d'impuissance et de nostalgie. À l'inverse, le documentaire de David André, *Chante ton bac d'abord*[2], montre des jeunes appartenant à des familles ouvrières et des classes moyennes pendant l'année de leur bac. L'amitié y occupe une place importante leur permettant de dépasser leur morosité et les rendant ainsi plus optimistes sur leur vie.

Un optimisme paradoxal

L'adolescence est l'âge de tous les possibles, y compris l'âge où l'on peut, pour la première fois, s'appuyer sur l'ensemble des forces protectrices internes dont tout être humain dispose. Comment alors ne pas être optimiste ? Pourtant de nombreux adolescents nous pousseraient à penser le contraire. Leur humeur est instable. On pourrait imaginer qu'il s'agit d'une question d'humeur : le matin, moroses, ils seraient pessimistes ; le soir, ne voulant pas aller se coucher, ils seraient optimistes. L'optimisme serait une conséquence d'affects positifs comme la gaieté et la joie : « Je suis plutôt joyeux, la conséquence est que je suis optimiste », et de même pour le pessimisme. Certes, l'humeur et ces deux traits de caractère sont liés. Mais des études sur les liens entre la joie et l'optimisme montrent que la première, la joie, est plutôt la conséquence du second, sauf si cette joie est créée par un événement ponctuel ou artificiellement par une drogue. Il en est de même en ce qui concerne la tristesse, conséquence du pessimisme[3].

Face aux potentialités nouvelles de leur corps et de leur esprit, les adolescents se sentent brusquement libres, mais ils sentent aussi la menace et les risques que cette liberté contient. L'adolescent sent qu'il doit se protéger contre ses nouvelles pulsions pour poursuivre la route de son Soi. Il doit en explorer les limites. Cette route passe par la « crise » que tout adolescent traverse. Les paradoxes de la jeunesse sont bien connus. Ils paraissent parfois envahis par un optimisme excessif, sûrs de leur toute-puissance récente, passionnés d'absolu et d'idéaux, tout absolu pouvant néanmoins être confronté aux réalités, provoquant alors un sentiment de colère, un profond pessimisme et des attitudes chargées de destructivité. Il s'agit donc d'un optimisme à risque, chargé d'un idéal fantasmatique que la réalité rend toujours rapidement inaccessible. De nombreuses enquêtes ont montré que les jeunes Français sont extrêmement pessimistes lorsqu'on les interroge sur l'avenir du pays, mais se déclarent optimistes concernant leur propre avenir[4], même si un sentiment de mal-être habite presque la moitié d'entre eux, du moins en France. Il n'empêche que les jeunes sont plus optimistes que les autres classes d'âge adulte. Mais, leur optimisme sur la société française est inférieur à celui concernant leur propre avenir, et surtout inférieur à ce qu'ils pensaient sur ce sujet il y a quinze ans.

Un nouvel argument sur l'optimisme « contrarié » des adolescents vient s'ajouter à ceux déjà cités. Nous connaissons aujourd'hui la consommation importante de cannabis des adolescents. Une étude récente[5] prouve que les consommateurs de cannabis sur le long terme produisent une quantité inférieure du neurotransmetteur dopamine, l'hormone cérébrale de l'optimisme. Chez ceux ayant commencé plus tôt, le taux de dopamine est généralement inférieur, ainsi que chez ceux l'ayant consommé longtemps. Cet effet pourrait cependant être réversible. Le cannabis ne peut rendre optimiste que momentanément, uniquement au moment de la prise du produit, et pendant une période limitée de consommation. L'adolescent serait-il alors un passionné de l'absolu ne croyant, de façon trop optimiste, qu'à ses propres forces personnelles ?

Il est évident que l'optimisme suscite des comportements permettant de faire face à des sources de stress qui apparaissent plus contrôlables. Alors qu'une situation peut d'abord apparaître insurmontable, l'optimisme transforme la représentation qu'on a de cette situation en éloignant ce sentiment d'impuissance et en le transformant mentalement en un problème que l'on abordera et résoudra si possible avec, certes des efforts, mais avec moins d'angoisses et d'abattement. Cette attitude peut s'appliquer à tous les champs de la vie. Chacun, par rapport à son expérience personnelle, manifestera sans doute plus d'optimisme dans un domaine que dans un autre, mais celui-ci apparaîtra toujours, même si c'est à des degrés divers. Même dans un domaine où l'on a l'habitude de bien réussir, il apportera le petit plus qui parfois peut manquer. On a montré, par exemple, qu'un optimisme élevé est positivement corrélé, chez des sportifs de très haut niveau, à une grande réussite[6].

Les adolescents peuvent s'appuyer peu à peu sur des ressources psychiques qui leur permettront de rechercher un optimisme « raisonnable ». Nous voyons ainsi que l'adolescence est une période sensible mais qu'elle ne produit pas seulement une vision négative du monde et qu'elle est propice à l'élaboration progressive d'un point de vue optimiste réaliste, d'où la conscience des limites n'est pas absente.

Le goût du risque

À cet optimisme paradoxal, on peut ajouter, comme caractéristique de cette période de la vie, le goût du risque. L'ennui est un sentiment utile et incontestablement mal supporté à cet âge. Vivre des frissons, croire à la passion, à l'engagement et à la prise de risque sont volontiers associés à la jeunesse et à l'optimisme. On pourrait alors penser que si, à cet âge, l'optimisme domine, les menaces, dont j'ai parlé précédemment, ne sont pas aussi importantes. Mais le véritable optimisme est celui qui permet de prendre des risques avec lucidité sans assurance de réussir ce qu'on entreprend. Pour rester optimiste et parfois « un peu fou », il faut aussi garder de la lucidité. La prise de risque, la recherche de frissons, qui permet de rester en éveil et de rompre avec les automatismes, mais aussi la lucidité sont les caractéristiques d'un « bon optimisme ». Cette capacité à s'engager et à prendre des risques peut aller jusqu'à accepter un échec ou un petit mal actuel pour une réussite et un grand bien à venir.

Le rôle de la passion

L'optimisme et le pessimisme de l'adolescence peuvent se mesurer à la place qu'occupe la passion et à la manière de la gérer. Les recherches, faites en particulier chez les grands adolescents ou les jeunes adultes, ont montré qu'on pouvait en distinguer deux formes : la passion harmonieuse, dynamique, productive, heureuse, optimiste... et une passion obsessionnelle menant à une persistance rigide de la pensée et de l'activité, beaucoup plus pessimiste. Cette dernière forme peut entrer en conflit avec les autres domaines de la vie, poussant le sujet à se refermer sur lui-même ou à seulement privilégier les contacts correspondant à sa passion[7]. La dépendance n'est pas loin.

La passion peut aussi mener, à cet âge, à un sentiment d'exaltation source d'un optimisme excessif comme on peut le rencontrer dans certains états amoureux, dans la recherche d'un idéal, ou bien à un pessimisme excessif comme dans la haine[8]. L'engagement massif dans ces formes bonnes ou mauvaises peut en être la conséquence.

De la dépendance à l'autonomie

La dépendance peut prendre différents visages. Une forme d'immaturité qui laisse penser que l'adolescent reste encore très enfant. Cela peut se manifester par un besoin excessif de se faire aider, par vous, parents ou par des aides extérieures, en particulier dans la scolarité ; elle peut aussi se traduire par des comportements dont le risque est de créer une dépendance psychologique et physique. Je donnerai ici l'exemple de la consommation abusive d'alcool.

Réalisée à partir de données fournies par deux enquêtes scolaires internationales (Espad et HSBC), l'étude montre que les comportements d'alcoolisation effective, comme les ivresses, augmentent rapidement pendant les années de collège et de lycée : alors que 7 % des élèves de sixième admettent avoir déjà été ivres, le taux atteint 69 % en terminale. Un collégien sur six et trois lycéens sur cinq ont déjà été ivres. L'alcoolisation des jeunes n'est pas un phénomène entièrement nouveau, mais il inquiète les spécialistes qui évoquent de plus en plus le risque de dépendance. Marginales jusqu'à la classe de cinquième, les ivresses déclarées lors du mois écoulé progressent rapidement jusqu'à la classe de première, passant de 7 à 27 % des élèves. Quant à l'usage régulier (au moins dix fois lors du mois précédant l'enquête), il passe de 3 % en quatrième à 24 % en terminale.

Que faire, en tant que parent, face à la menace de dépendance quelle qu'elle soit ? Avec la maturité, nous gagnons, en principe, en autonomie. L'adolescent confronté à sa propre responsabilité de choisir et de décider ce qu'il fait et ce qu'il désire, de plus en plus indépendamment de ses parents, alterne les tentatives d'autonomie et de repli vers une dépendance. Ces alternances à cet âge sont normales. On pourra néanmoins évaluer son optimisme à sa capacité de progresser vers une autonomie réelle et une responsabilisation de soi. Si l'adolescent a souffert d'un déséquilibre, par manque ou excès (trop ou trop peu) de nourriture affective, il reste à l'âge adulte excessivement avide de soins et d'attention. En manque, il sera tenté d'aller rechercher des substituts compensatoires qui auront pour nom : drogue, alcool, sexe, pouvoir, argent. Un besoin excessif porte la marque de l'addiction. Le risque consiste à voir s'installer un cercle vicieux, allant d'un pessimisme et d'un manque de confiance en soi à ces conduites addictives qui ne font que renforcer le fond pessimiste.

Ce passage de la dépendance à l'autonomie ne se fait pas en une seule fois. Il existe des moments, au cours de l'adolescence, où les parents se sentent désemparés face aux provocations et aux attitudes de prestance parfois difficilement supportables de leur fils ou de leur fille. Il est souvent difficile de savoir si l'on a affaire à un besoin excessif de manifester son autonomie. Je pense à cette mère qui me disait : « Mon fils me regarde comme si je venais d'une autre planète », mais le contraire est souvent tout aussi vrai, il n'est pas rare que les parents pensent la même chose de leur adolescent, « mais quel extraterrestre ! ». Différencier ce qui est ponctuel de ce qui est persistant permet de concevoir ce que l'adolescent vit intérieurement, même si savoir ce qui le trouble ou ce qui l'habite n'a rien d'évident.

Du rêve à l'épreuve de la réalité

Adultes, parents ou enseignants, nous sommes souvent contradictoires dans les messages que nous transmettons à nos adolescents. Nous voulons à la fois leur rappeler les réalités qu'ils ont tendance à ignorer et d'un autre côté nous souhaitons leur montrer qu'ils traversent une période pleine de vie, d'insouciance et de rêve.

« Ah, qu'elle était belle la vie quand on était au collège, au lycée, en apprentissage ou étudiant ! » Cette vision optimiste mais rétrospective que beaucoup d'adultes souhaitent transmettre omet juste le travail acharné et le stress avant les examens, les déceptions sentimentales et les problèmes financiers relatifs aux désirs que l'on pouvait avoir. Devenus adultes, nous pouvons donc rétrospectivement oublier les contraintes que la réalité nous a imposées. Pourquoi ? Le souvenir est sélectif surtout lorsqu'il s'agit d'un sentiment général qui entre en compétition avec un autre sentiment général. « C'est agréable d'être jeune. » Certains ont d'ailleurs beaucoup de mal à en faire le deuil !

Il est bon de rêver à tous les âges de la vie. Mais, à l'adolescence, cette propension au rêve ne doit pas empêcher d'affronter la réalité et de faire en sorte que les goûts et les rêves deviennent réalité. Je n'ai jamais rencontré de jeunes, apparemment en véritable difficulté, pessimistes sur leur avenir, ainsi que leurs parents, devenir beaucoup plus optimistes lorsqu'ils avaient réussi à réaliser ce qui les faisait rêver plus jeunes et qu'ils ne pouvaient pas ou n'osaient affirmer.

Une fois de plus, rien, à cet âge, n'est définitivement joué. Je pense aussi que beaucoup d'adolescents, comme toutes les études le montrent, ne sont ni durablement ni profondément confrontés à ces menaces de paradoxalité, de dépendance et de dépressivité que j'évoquais précédemment. L'important est de les repérer suffisamment tôt pour pouvoir les prévenir. Quelles que soient les difficultés, mesurer l'optimisme de son adolescent est un indicateur important, qui repose pour partie sur l'acquisition progressive de la maturité de la vie émotionnelle et de la relation à soi et aux autres.

Au fur et à mesure des années, cette maturité s'affirme, et le mode de pensée plutôt optimiste ou pessimiste se fixe pour devenir un trait de caractère qui, s'il peut encore évoluer au cours de la vie d'adulte, est déjà assez marqué.

Ainsi les deux façons marquantes d'aborder ou d'expliquer les événements, et d'une certaine manière d'envisager l'avenir, déjà repérables chez l'enfant se distinguent plus nettement à l'adolescence.

Les pessimistes ont plutôt tendance à penser que leur efficacité dépend du contexte dans lequel ils évoluent et pensent avoir peu de contrôle sur lui, ils auront donc plutôt tendance à se résigner ou à s'effacer[9]. Les optimistes, au contraire, pensent plutôt qu'ils ont la possibilité d'agir efficacement sur le contexte et que celui-ci leur sera plutôt favorable grâce aux actions entreprises.

Ce sentiment d'efficacité se construit sur des réussites antérieures qui autorisent à se sentir capable de réussir, il favorise l'efficacité qui renforce à son tour ce sentiment d'efficacité.

Les ressources intérieures contre l'angoisse

Comme pour les étapes antérieures du développement, au cours de cette période allant de 10 à 25 ans, l'adolescent et le jeune adulte développent de nouvelles ressources pour se défendre contre ce qui risque de les submerger, l'angoisse bien sûr mais aussi les deuils des fantasmes et des idéaux qu'ils devront faire à un moment ou un autre.

Anna Freud, la fille du célèbre Sigmund Freud, s'est particulièrement intéressée à ce sujet et a proposé l'idée qu'il est possible d'utiliser les ressources internes acquises et de s'appuyer sur de nouvelles. Elle cite en particulier l'intellectualisation qui permet à l'adolescent d'échanger et de réfléchir, sa pensée se développant et ses centres d'intérêt se développant. Pour Anna Freud, cette ressource permet de mieux contrôler les pulsions sexuelles et agressives, actives. Cette intellectualisation permet à l'adolescent et aux jeunes adultes de se sentir capables d'affirmer et de défendre des points de vue, y compris pessimistes, qui alimentent la confiance en soi. Elle constitue aussi une ressource contre l'angoisse de la rencontre amoureuse, un préliminaire dans lequel la sexualité est bien contrôlée. À cette intellectualisation s'associe parfois une intransigeance qui permet d'affirmer indirectement son agressivité mais aussi sa combativité. Cette ressource est une défense contre le sentiment d'impuissance ou de résignation source de pessimisme.

Ces capacités qui se construisent progressivement sont le signe d'un caractère suffisamment optimiste pour affronter l'existence. En mesurer la qualité et l'évolution au cours de cette longue période allant de 10 à 25 ans permet de se représenter où en est votre enfant.

Les mesures de l'optimisme chez l'adolescent

Vous pouvez mesurer l'optimisme de votre adolescent à partir de :

- sa capacité à faire face aux changements de son corps ;
- sa capacité à rêver mais aussi à transformer ses fantasmes en réalité, en acceptant la réalité quand les fantasmes sont trop grandioses ou destructeurs sur les autres ;
- une prise de distance et un contrôle suffisant des symptômes produits par des tensions momentanées, les stress ou l'anxiété ;
- sa capacité à trouver autant ou plus de satisfaction en donnant qu'en recevant ;
- sa capacité à établir des relations de façon stable et consistante en tenant compte de la satisfaction et du besoin d'aide de chacun ;
- sa capacité à sublimer, c'est-à-dire à savoir diriger son énergie instinctive sexuelle et agressive vers des activités constructives et créatives. S'y associe l'intellectualisation ;
- sa capacité à travailler et à trouver un intérêt pour le présent et le futur ;
- sa capacité à s'investir dans son orientation future ;
- sa capacité à montrer son enthousiasme pour un projet ou un engagement durable ;
- sa capacité à accepter les problèmes impossibles à résoudre ;
- sa capacité à aimer, à s'aimer suffisamment et à être aimé.

Chapitre 5

DEUX FORMES D'OPTIMISME : L'UN SUBJECTIF, L'AUTRE PLUS OBJECTIF

Quand on parle d'optimisme, chacun a le sentiment de savoir de quoi il est question. Pourtant, chez l'enfant comme chez l'adulte, il y a plusieurs manières d'être optimiste qui varient selon quelques grands schémas.

- Il y a ceux dont ont dit volontiers « Ce sont des enfants optimistes », ils ont tendance à voir généralement le verre à moitié plein, en opposition aux enfants que l'on sent « pessimistes » qui sont grognons et qui donnent le sentiment d'être mal dans leur peau ou trop facilement insatisfaits.
- Il y a ceux qui sont optimistes sur une compétence acquise ou sur certains points précis, mais uniquement sur ces points-là.
- Il y a ceux qui trouvent un bon équilibre entre des attitudes optimistes et pessimistes, selon le contexte.
- Il y a aussi ceux qui sont trop optimistes au point d'agacer ou de faire des bêtises.

Ces différentes attitudes sont bien sûr évaluées de façon subjective par les parents. Quand un problème scolaire se pose, quand des conflits avec les frères et les sœurs se multiplient, quand l'enfant semble trop isolé des amis de son âge ou au contraire s'il souhaite toujours être en dehors de la maison, ou quand on craint le retentissement négatif d'un problème familial, que se passe-t-il chez l'enfant qui ne formule pas facilement ce qu'il ressent ou ses intentions ? Dans chacune de ces situations, les parents aimeraient en savoir plus sur les états d'âme de leur enfant, savoir en particulier si ces difficultés ne relèvent pas d'un pessimisme en train de s'installer, pour des raisons peu évidentes. Mesurer ce degré de pessimisme naissant s'avère utile pour quitter cet état d'âme.

J'ai proposé, dans les chapitres précédents, la possibilité d'évaluer le degré d'optimisme de l'enfant selon les différentes caractéristiques de son développement, par exemple la fréquence du sourire chez le bébé, l'importance de la curiosité ou de la ténacité chez l'enfant entre 2 et 4 ans, la durée des bonnes résolutions ou la disposition à penser positivement le futur chez l'enfant entre 5 et 10 ans et enfin l'avancée vers la maturité chez l'adolescent et le jeune adulte. Je voudrais maintenant proposer deux manières bien différentes de mesurer le degré d'optimisme au cours de cette première grande période de l'existence : une manière simple, naturelle, vivante, plus subjective et une manière plus objective, scientifique mais accessible. Les chercheurs dans ce domaine nous ont beaucoup aidés !

Une mesure simple, naturelle et vivante : l'humour aux différents âges de l'enfance

On dit volontiers que la propension à manier l'humour n'est pas répartie de façon identique chez tous les individus. On dit aussi qu'il existe différents types d'humour, y compris culturellement.

Les enfants et les adolescents usent plus ou moins d'humour, mais c'est surtout à l'âge adulte que cette capacité devient importante.

L'humour est considéré comme le signe d'un optimisme plus ou moins spontané, une façon de « renforcer l'idée de soi, son pouvoir, son territoire, d'attirer l'attention, de recueillir des compliments[1] ». On retrouve ici les caractéristiques qui permettent de définir l'optimisme.

Il revient sans doute à chaque parent de manier l'humour, en encourageant ainsi l'enfant à faire de même, en le provoquant même parfois, mais en donnant toujours le sentiment d'apprécier cette manière d'exprimer des choses.

Bien évidemment l'humour évolue avec l'âge.

Les prémices de l'humour sont précoces. On peut percevoir, dès les deux premières années, la capacité d'un enfant à réagir à un clin d'œil malicieux quand il fait la moue ou détourne la tête, donnant le sentiment qu'il ne veut plus vous voir.

Dès l'âge de 2 ans, l'enfant peut s'amuser et vous amuser en attribuant un usage inhabituel à certains objets comme il a pu vous voir le faire. Il peut par exemple, en riant, poser son propre bonnet sur la tête de sa mère ou de son père.

Avec le développement du langage, cet usage inhabituel des objets dans le but de faire sourire et d'attirer l'attention d'un parent devient plus facile.

Vers 4 ou 5 ans, sachant maintenant mieux reconnaître une situation anormale mais en en riant, il fera d'énormes éclaboussures dans son bain, aspergeant l'adulte présent, pour exprimer que cet adulte « le persécute » en voulant qu'il sorte de son bain. Il commence déjà à vouloir raconter des histoires drôles dont on ne comprend pas toujours ce qui y est amusant mais qu'il a entendues de son frère, de sa sœur ou de ses amis plus âgés qu'il souhaite imiter. Il peut aussi inventer de nouveaux mots ou jouer avec les mots ou des sonorités, faisant avec sa bouche le bruit d'aboiement d'un chien quand son grand frère est désagréable.

À partir 6 ou 7 ans, il commence à faire des jeux de mots ou des devinettes dont il teste l'efficacité sur les personnes qui l'entourent. Il peut faire aussi le fou pour amuser plutôt que de se faire gronder, montrant par là qu'il peut même peu à peu raconter des histoires, il met en scène une situation qui montre bien la distinction entre ce qui est stupide et ce qui est intelligent.

Peu à peu, l'humour de l'enfant devient de plus en plus subtil et à partir de 10 ans, il commence à manier l'humour comme un adulte.

À l'adolescence, on pourra différencier l'adolescent qui sait recourir à l'humour, sous une forme parfois ironique et même sarcastique, de ceux qui ont du mal à canaliser sous cette forme leur pulsion sexuelle ou agressive qu'ils ne réussissent pas à transformer sous une forme plus amusante. Durant cette période, l'humour est souvent cru et osé, se référant à des thèmes agressifs, sexuels ou sadiques, les enfants cherchant ainsi à calmer leur angoisse et à se socialiser dans un groupe de pairs. C'est aussi une manière de gagner en autonomie et de mieux définir leur identité[2].

On voit ainsi, chez l'enfant, se développer différentes manières d'utiliser l'humour pour rire ou pour faire rire, des juxtapositions incongrues au sens ambigu des mots en passant par des incongruités de formes, de situations ou d'objets. Peu à peu, l'humour se personnalise mais ce qui nous intéresse ici a trait à ses liens avec l'optimisme.

Une étude faite chez les étudiants a déterminé plusieurs styles d'humour à partir de la manière habituelle d'une personne de l'utiliser dans sa vie quotidienne[3]. Il est possible de transposer cette observation aux enfants plus jeunes. Il y aurait quatre styles d'humour, dont deux sont plutôt positifs et signes d'optimisme et deux autres plutôt négatifs, donc pessimistes. Le style d'humour plutôt positif, optimiste, cherche à susciter l'intérêt des autres et la sociabilité. On amuse pour être attractif et améliorer la qualité de ses relations sociales. Cet humour favorise une plus grande intimité et un apaisement des conflits. Une adolescente peut dire à son petit ami avec lequel elle vient de se disputer : « Tu m'aimes tellement que tu en perds la raison, c'est d'ailleurs pour ça que tu m'aimes. » Ensuite, un autre style d'humour positif est l'humour qui permet de se mettre en valeur soi-même. La fausse modestie forcée en est un exemple. Le premier style d'humour plutôt négatif associé au pessimisme est d'abord un humour agressif, fortement ironique à propos de l'autre, voire sarcastique et un humour dépréciateur sur soi.

Ce résultat est confirmé par une seconde étude qui conclut au fait que les personnes qui utilisent l'humour dans un sens positif dans leur quotidien ont un style affectif qui leur permet de se rapprocher des autres et d'être plus optimistes. Au contraire, ceux qui ont un humour plutôt négatif ont un style affectif qui les amène plutôt à éviter les autres et à être plus pessimistes[4].

Ainsi, l'humour permet, selon son degré et le style pratiqué, de mesurer le degré d'optimisme.

Les questionnaires pour mesurer l'optimisme

Pour évaluer plus objectivement le degré d'optimisme ou de pessimisme de l'enfant et du jeune adolescent, il existe deux tests connus, destinés aux 6 à 16 ans. Ce sont :

- le test d'orientation de vie pour les enfants ou jeunes adolescents ;
- le questionnaire international CASQ.

Ces deux tests s'inspirent de questionnaires validés chez l'adulte et peuvent être utilisés à partir de 6 ans.

Le test d'orientation de vie pour les 6 à 16 ans[5]

Ce test est un questionnaire gradué, rempli par l'enfant ou l'adolescent, qui permet de percevoir comment il se représente son futur. L'enfant doit remplir lui-même ce questionnaire. Il permet de voir si une tendance optimiste ou pessimiste se dessine et à quel degré.

L'enfant cochera la réponse à la question qui lui paraît la plus appropriée.

		D'accord	Assez d'accord	Pas très d'accord	Pas du tout d'accord
1.	Il m'est facile d'avoir du plaisir.				
2.	J'aime être actif.				
3.	J'ai toujours de l'espoir pour ce qui va se passer ou pour le futur.				
4.	Les choses tournent souvent mal pour moi.				
5.	Quand je ne suis pas sûr de ce qui arrivera, je m'attends plutôt à ce que ce soit favorable.				
6.	Habituellement, je m'attends à ce que les choses ne se passent pas en ma faveur.				
7.	Habituellement, je ne m'attends pas à ce que des choses agréables m'arrivent.				
8.	Je suis un enfant ou un adolescent heureux.				
9.	Si quelque chose d'agréable arrive il y a des chances que ça ne soit pas pour moi.				
10.	Chaque jour, je me hâte d'avoir beaucoup de plaisir.				

11.	Quand les choses sont agréables, je pense que je me trompe.				
12.	Habituellement, je m'attends à passer une bonne journée.				
13.	Peu importe ce que j'essaie, je ne crois pas que ça va marcher.				
14.	En général, je m'attends davantage à ce que de bonnes choses m'arrivent que de mauvaises.				
15.	Chaque jour, je m'attends à ce que de mauvaises choses arrivent.				
16.	Quand il y a de mauvaises choses, je m'attends à ce qu'elles deviennent meilleures.				
17.	Même quand il y a des gens malades autour de moi, je m'attends à rester en bonne santé.				
18.	S'il y a une maladie chez des gens autour de moi, je suis sûr que je vais l'avoir.				
19.	Quand je ne me sens pas bien, je m'attends à me sentir bientôt mieux.				

L'adulte attribue 3 points pour la réponse « D'accord » ; 2 points pour « Assez d'accord » ; 1 point pour « Pas très d'accord » ; 0 point pour « Pas du tout d'accord ».

Il établit ensuite la somme des scores pour des items 5, 8, 10, 12, 14, dont la somme est représentative et évalue le mieux le degré d'optimisme ; puis la somme des scores pour les items 4, 7, 9, 11, 13, 15 qui évalue le mieux le degré de pessimisme.

On peut ainsi évaluer facilement chez son enfant ou son adolescent sa disposition à être plutôt optimiste ou plutôt pessimiste.

À titre d'exemple, en comparant les moyennes obtenues par 204 enfants d'école élémentaire, on obtient un score de 14,5 pour l'optimisme et de 6 pour le pessimisme.

Le questionnaire international CASQ[6] sur le « style attributionnel » chez les enfants et adolescents de 7 à 15 ans

En vingt minutes, vous pouvez évaluer le degré général d'optimisme de votre enfant[7]. Le CASQ ou « questionnaire sur le style attributionnel des enfants » est destiné aux enfants à partir de 6 ou 7 ans. À partir de 15 ou 16 ans, on peut utiliser les questionnaires utilisés chez les adultes.

Ce questionnaire porte sur le mode d'explication des enfants à partir d'une situation qui reflète soit un désagrément soit un sentiment plaisant.

Rappelons que les chercheurs ont compris que l'optimisme ne repose pas sur des phrases positives ou des images de victoire mais sur la façon dont on considère les causes des événements. C'est ce qu'on appelle le style explicatif.

Ce questionnaire consiste à présenter quarante-huit scénarios suivis par deux possibilités de réponse selon les trois possibilités évoquées ci-dessous. Vingt-quatre scénarios sont des situations positives, vingt-quatre sont négatives. Par exemple : « Tu racontes une blague et personne ne rit. » Première possibilité : « Je ne suis pas bon pour raconter des blagues », deuxième possibilité : « Cette blague est tellement connue qu'elle n'est plus drôle. » Dans un but de simplification, ce questionnaire qui se déroule en une vingtaine de minutes a été réduit à vingt-quatre situations, douze positives et douze négatives[8].

• On opposera la permanence ou non d'une explication à un événement. Selon qu'il s'agit d'un événement positif ou d'un événement négatif les enfants peuvent l'expliquer de façon permanente ou temporaire. Par exemple, à la question : « Tu obtiens un A à un examen », première possibilité de réponse : « Je suis intelligent », deuxième possibilité : « Je suis bon dans la matière de l'examen. »

À la question : « Le professeur te donne un cours et tu ne comprends pas », l'enfant optimiste dira : « Je n'étais pas attentif quand il parlait », l'enfant pessimiste dira : « Je ne fais jamais attention. »

• De même, les explications pourront être spécifiques à un événement donné ou au contraire vues d'un point de vue général selon qu'il s'agit d'un événement positif ou négatif. Par exemple, face à un événement négatif, une mauvaise note, l'enfant pessimiste dira que les professeurs sont injustes alors que l'enfant optimiste dira que le professeur de cette matière est injuste. De même face à un événement positif, l'enfant pessimiste dira : « Je suis uniquement doué en dessin », alors qu'un enfant optimiste dira : « J'ai été élu délégué parce que j'ai toujours de bons contacts avec tout le monde. »

• Enfin une troisième distinction du style explicatif permet de différencier un enfant plutôt optimiste d'un enfant plutôt pessimiste. Lorsqu'il s'agit d'événements négatifs les enfants peuvent blâmer d'autres personnes, les circonstances ou se blâmer eux-mêmes. Par exemple, l'enfant pessimiste qui a obtenu une mauvaise note à son interrogation donnera comme raison qu'il est idiot alors que les enfants optimistes, face à un événement négatif, ont tendance à blâmer les circonstances. L'inverse est vrai pour un événement positif.

On fait ensuite le total des réponses récurrentes à un événement négatif, permanentes à un événement positif, omniprésent à un événement négatif, omniprésent à un événement positif personnel et à un événement négatif, personnel, on fait ensuite le total et ensuite la différence du résultat entre les deux.

Réponses récurrentes à un événement :

Permanent négatif	Permanent positif
Omniprésent négatif	Omniprésent positif
Personnel négatif	Personnel positif
Total négatif	Total positif

Doit-on craindre ce type d'évaluation chez l'enfant ?

Je ne pense pas, car l'évaluation peut être faite sur un mode ludique plutôt que sur un mode scolaire rébarbatif faisant penser à l'enfant qu'il doit réussir. Il peut être utile de savoir où votre enfant en est, en particulier s'il vit une phase difficile ou si vous-même craignez que vos difficultés pèsent trop sur lui. Par exemple, quand un événement extérieur risque de le traumatiser : brusquement il se met à faire des cauchemars, il a peur d'aller à l'école, vous vous inquiétez de savoir si cet événement ne l'a pas trop angoissé, mais sans toujours vous demander si cela affecte ou pas son caractère. Il est pourtant souvent utile de se poser la question d'éventuelles modifications stables ou handicapantes du caractère qui pourront en retour peser par la suite sur les angoisses de l'enfant.

Lorsque cette maman me téléphone parce que son fils ne veut pas retourner à l'école après avoir assisté à un accident de voiture dans lequel l'ami de son père a été tué, il est logique de considérer que cet enfant a été frappé par cet événement et doit en être fortement angoissé. Mais toute la question est : sur quel caractère se développe cette angoisse ? S'il s'agit d'un enfant plutôt optimiste, cela a-t-il altéré ou non son approche de la vie ? Prendre dix minutes pour évaluer son degré d'optimisme n'est pas inutile. Si l'enfant se montre plus pessimiste qu'optimiste il est probable que son angoisse sera plus importante, plus longue à disparaître et affectera plusieurs domaines de sa vie. En revanche, s'il présente un bon niveau d'optimisme malgré son angoisse du moment, bien compréhensible, on pourra s'attendre à ce qu'elle ne se généralise pas ni ne se prolonge trop longtemps.

Dans ce domaine comme dans d'autres, cette évaluation comporte néanmoins des biais, par exemple l'état d'esprit de l'enfant au moment où il répond au questionnaire. Selon que vous l'interrogiez après qu'il s'est mis en colère ou au contraire après qu'il a joué avec son meilleur ami, cela influera sur les réponses au test dans la mesure où l'enfant vit, encore plus que l'adulte, dans le moment présent.

Les questionnaires à partir de 15 ou 16 ans

On pourra, à partir de cet âge, utiliser le « Life Orientation Test » (LOT)[9] ou « Test d'orientation de vie », l'Attributional Style Questionnaire (ASQ) ou « Questionnaire sur les styles d'attribution »[10]. J'ai présenté ces deux questionnaires dans mon livre *Optimiste*. J'en donnerai simplement ici les bases, il est très proche de celui chez l'enfant.

Le « Test d'orientation de vie » est un bref autoquestionnaire pour grands adolescents ou jeunes adultes et adultes proprement dits. Il évalue la « disposition » à être plutôt optimiste ou pessimiste, c'est-à-dire l'état d'esprit général dans lequel on considère que les événements agréables ou désagréables à venir seront les plus nombreux. Il existe une version française validée de ce test : le « Test d'orientation de vie », reconnu comme le meilleur instrument pouvant mesurer l'« optimisme dispositionnel ».

Le « Questionnaire sur les styles d'attribution » est beaucoup plus détaillé. Il évalue le style d'attribution, plutôt positif et optimiste ou plutôt négatif et pessimiste, que l'on prête aux événements agréables ou désagréables.

Les scores obtenus aux différents questionnaires ont montré de bonnes corrélations. On peut donc dire qu'il est possible aujourd'hui d'évaluer son optimisme et son pessimisme, quel que soit l'angle sous lequel on se place.

Un équilibre « suffisamment bon »

Chaque parent a la possibilité d'évaluer avec l'aide de son enfant ou de son adolescent son degré d'optimisme et de pessimisme. Le but de cette évaluation n'est pas de savoir s'il est totalement pessimiste ou optimiste, mais plutôt de reconnaître dans quelle proportion et dans quel équilibre l'enfant ou le jeune se situe.

Chaque être humain, depuis sa naissance sans doute, a en soi un mélange des deux attitudes, avec une dominante, variable selon le contexte, les événements et son histoire. Quelques sujets présenteront déjà tôt dans leur vie des résultats très marqués ; la majorité se situera plutôt dans la moyenne avec une tendance à l'optimisme ou au pessimisme. De même, certains enfants présenteront des scores très différents dans la manière d'envisager le futur (disposition) et leur explication des événements (attribution), la majorité pas. Lorsqu'on évalue un enfant, il s'agit plutôt de découvrir dans quel type d'équilibre il se situe pour mieux le comprendre et lui apporter ce dont il a besoin, comme je le proposerai dans la dernière partie de ce livre. Cette évaluation a aussi une fonction préventive : voir si un enfant ou un adolescent n'est pas déprimé ou exagérément optimiste. Il n'est jamais inutile non plus de connaître la part de la tendance anxieuse dans l'anticipation de ce qui va se passer, alors que la tendance dépressive joue un rôle dans l'importance donnée à l'explication négative des situations ou des événements rencontrés.

Il faut aussi s'interroger, lorsqu'on cherche à évaluer une dimension de la personnalité d'un enfant, sur les différents aspects qui peuvent s'intriquer et interférer. Il peut être plus ou moins sensible, plus ou moins distrait, plus ou moins actif, etc.

L'intérêt de ces tests et questionnaires équivaut aux explorations que l'on peut faire lorsqu'on craint que son enfant n'entende ou ne voie pas bien.

Une mesure n'est pas un destin

S'il est possible aujourd'hui pour chaque parent d'évaluer le niveau d'optimisme de son enfant, il ne faudrait pas que cette évaluation devienne un point de vue définitif sur sa personnalité. Si on constate que le niveau d'optimisme est faible, il ne faut pas désespérer. À l'inverse, des adultes se considérant plutôt comme pessimistes ont pu avoir un bon niveau d'optimisme alors qu'ils étaient enfants.

Si vous sentez que votre enfant manque d'optimisme, en souffre, que vous en mesurez l'importance et les caractéristiques, rien n'est joué. Dans le règne animal, l'enjeu de la survie est constant. Le choix est clair : combattre ou mourir. Chez les petits humains, on connaît bien la séquence protestation-désespoir, repérée durant la Seconde Guerre mondiale chez les bébés abandonnés en pouponnière. À mesure que l'on grandit, cette séquence se complexifie grâce aux ressources que l'esprit humain acquiert, mais le choix reste le même. Face aux difficultés de la vie, le choix est binaire, soit on combat avec les armes dont chacun dispose plus ou moins différemment, soit on se résigne, on se plaint et on se déprime. La résignation et le fatalisme participent de l'immobilisme. L'abandon, c'est le refus du réel. Le combat est tout l'inverse. Il est toujours possible de s'adapter, ce qui n'est pas forcément facile et nécessite autant d'optimisme que le combat. Pour reprendre une image de Montaigne, celle de l'équitation, comme le cavalier sur son assiette précaire garde son équilibre, notre rapport au monde nécessite de nous adapter à notre enfant. Tous sont différents les uns des autres, mais nous projetons en eux des désirs et des capacités à découvrir et à valoriser. Cela suppose le plus souvent de posséder soi-même un certain optimisme qui permet de croire que nous avons suffisamment de force pour nous accommoder des contraintes ou des déceptions que l'on rencontre et suffisamment de volonté de comprendre, après les avoir évaluées, les caractéristiques propres de nos enfants. Devenu adulte, nous pouvons nous rappeler que nous avons nous-même testé, petit enfant, ces capacités d'accommodation et d'assimilation auxquelles tout enfant est confronté. Ces capacités permettent d'agir sur le monde environnant, de le modifier sous une forme ou une autre afin de s'y adapter. Jean Piaget a développé sa théorie sur le développement de l'intelligence de l'enfant en se fondant sur ces deux processus d'assimilation et d'accommodation que l'on peut généraliser à l'ensemble des compétences que le sujet humain manifestera tout au long de son existence, s'il est capable d'anticiper de façon optimiste une action et donc d'assimiler le monde qui l'entoure et de s'y adapter.

Il n'est certes pas toujours aisé d'avoir une vision optimiste des choses, la vie est aussi faite de contraintes, de choix parfois difficiles et de renoncements. Mais nous sommes tous, au plus profond de nous, de notre naissance à notre mort, en attente de jours meilleurs qui seront différents de ceux que nous avons connus. Cela nous permettra de découvrir de nouvelles raisons d'espérer.

DEUXIÈME PARTIE

MÊME SI LES ADULTES SONT PESSIMISTES...

De la naissance à la première embauche, en passant par l'apprentissage scolaire et la rencontre amoureuse, la première partie de la vie demande un engagement nourri d'espoir de réussite et d'optimisme. Cet espoir se construit tout au long de l'enfance.

Quel parent n'a pas proposé, un jour, à son enfant de regarder un dessin animé sachant que sa fille ou son fils serait alors heureux, sage, tranquille et passionné(e) ? Des plus récents comme *La Reine des neiges,* aujourd'hui, dessin animé le plus regardé et le film le plus téléchargé de l'histoire au *Roi lion* en passant par *Toy Story 3* et *Moi, moche et méchant 2*, la machine Disney ou les studios Pixar tournent à plein régime.

Que contiennent ces dessins animés qui s'inscrivent dans le droit-fil des contes de Perrault et d'Andersen ? Certes, les héroïnes se sont modernisées : dans *La Reine des neiges,* Anna est sauvée par sa sœur Elsa et non par le prince charmant qui s'avère au final être un horrible goujat, cependant la thématique profonde demeure la même. Mais ce dessin animé ne représente-t-il pas une confrontation des héros aux obstacles de la vie ? Ces mêmes héros vivent intensément, combattent et sortent vainqueurs de l'aventure. Toutes ces histoires et tous ces films sont accompagnés de musique invitant les enfants à chanter en même temps que les personnages qu'ils regardent. Chanter ne rend-il pas de bonne humeur ?

Pour les enfants un peu plus âgés n'oublions pas qu'*Harry Potter*, *Superman*, *Star Trek* ou même *Cruella*, avec la même thématique profonde du héros ont connu et connaissent encore un succès jamais égalé. De même, quel adolescent n'a pas été fasciné par *Titanic*, le film mettant en scène le combat entre la catastrophe et l'amour triomphant ?

On pourrait penser que les enfants d'aujourd'hui, comme ceux d'hier, sont fascinés par ces histoires que leurs parents leur lisent ou leur permettent de regarder. On pourrait aussi penser que rien n'a changé et que les parents d'aujourd'hui, comme ceux d'hier, savent que les enfants ont besoin de rêver en s'identifiant aux personnages des contes, y compris ceux qui les effraient, pour extérioriser leurs peurs.

Le monde n'a rien d'un conte de fées, ni d'un roman fantastique, ni d'un scénario romantique. Il n'a d'ailleurs jamais été rien de tout cela. Mais aujourd'hui, il se transforme à une vitesse jamais connue jusque-là. Comment ne pas être partagé entre l'optimisme que le progrès permet d'éprouver et un sentiment de perte de repères, de perte de contrôle, qui rend bien pessimiste sur l'avenir de ce monde et en particulier sur l'avenir de ceux qui y vivront, nos enfants ?

La première proposition que je ferai aux parents serait de faire lire à leurs jeunes deux romans : celui d'Aldous Huxley, *Le Meilleur des mondes*[1], et celui de George Orwell, *1984*[2], pour les raisons qui suivent : oui à l'énergie et à la force, non au meilleur des mondes, sinon la réalité vous rattrape.

Chapitre 6

LE BLUES D'UNE SOCIÉTÉ EN PLEINE MUTATION

Personne ne doute plus aujourd'hui que notre société s'est profondément et rapidement transformée en une trentaine d'années. Les équilibres géopolitiques, économiques et culturels des années 1960 se sont totalement modifiés. Il en est de même des idéologies et des valeurs morales. L'organisation familiale et l'éducation des enfants ne sont pas en reste. Certains s'interrogent sur le déclin de l'Europe en établissant une analogie avec le déclin de l'Empire romain, marqué par le choc des religions, par une crise identitaire et économique[1].

De ma place de psychiatre et de psychologue, je témoignerai des plaintes quasi quotidiennes que j'entends, à juste titre, de la part des parents, plaintes que je n'entendais jamais il y a encore vingt ans.

La France est le pays le plus visité du monde. Elle détient le record mondial du taux de centenaires juste après « le pays du Soleil-Levant », le Japon. La richesse de l'espace maritime de la France et du monde marin, le deuxième au monde, donne accès à toutes les matières premières stratégiques et peut nous fournir dans l'avenir de l'énergie, des ressources en eau potable et en composants alimentaires[2]. Notre système de santé est considéré comme un des meilleurs du monde.

Il n'empêche que les Français seraient les champions du pessimisme et donnent le « sentiment d'être malheureux » comme le rapporte le journal américain *The New Yorker*, parlant d'un *French paradox*. Les Français, réputés plutôt fiers et râleurs, ont découvert que leur sentiment de mal-être élevé devenait une pathologie chronique.

Ce *French paradox* intéresse les chercheurs. Ces derniers s'interrogent sur les causes d'une telle mélancolie alors même qu'ils constatent que les Français dans leur ensemble ne sont pas si mal lotis que cela, même si une partie grandissante de la population se confronte à de grandes difficultés. Claudia Senik, parmi les chercheurs internationalement connus sur cette question, constate l'écart entre le niveau économique de la France et le pessimisme ambiant[3]. Le mode d'éducation joue, selon elle, probablement un rôle, mais il n'explique pas tout.

Jean Cocteau avait-il raison en affirmant que « les Français sont des Italiens de mauvaise humeur » ? Un sondage commandé par un site de rencontre international, à l'occasion du lancement de la saison des carnavals, montrerait que les Français ont un peu de mal à « se lâcher » et à prendre du bon temps. Réalisé auprès de 17 000 personnes dans 17 pays pour savoir à quelle fréquence ils « s'amusent et prennent du bon temps », ce sondage place les Français quasiment tout en bas du tableau (en quatorzième position sur 17) avec une moyenne de 9,7 jours où l'on s'amuse par mois alors que les Italiens, par exemple, ont une moyenne de 11,6 jours. À la question : « À quelle fréquence diriez-vous que vous

vous amusez ? », un jeune Espagnol sur trois (34,2 %) dit s'amuser « presque tous les jours » alors que pour la même question seulement un Français sur cinq (20,9 %) répond la même chose ! Quelle mouche a donc piqué nos contemporains ? Sommes-nous plongés dans une nouvelle idéologie de la peur et de la précaution ou faut-il au contraire « réenchanter le risque[4] » et l'esprit de la fête ?

Pourtant, en dépit de notre propension à voir le verre à moitié vide, il semble que nous soyons quand même capables de sauver les apparences car, à la question : « Selon vous, quelle nationalité s'amuse le plus ou prend le plus de bon temps ? », posée aux 17 000 personnes ayant participé à ce sondage, les Français arrivent en troisième position en Europe, derrière les Italiens et Espagnols ! Bref, nous pensons moins nous amuser que le monde ne peut le croire !

Libre à chacun d'être morose, de cultiver un pessimisme cherchant à protéger ses enfants des difficultés qu'ils rencontreront, des histoires glauques qu'ils pourront entendre. Libre aussi de déplorer la malchance ou le malheur du monde. On peut se repaître de reportages ou de lectures confirmant une réalité injuste et parfois même cynique.

Mais quand le mal-être devient un état d'esprit, le principal danger est sa contamination, surtout quand on a la charge d'élever ses enfants.

Le contexte actuel est difficile pour l'avenir de nos enfants. Au début de 2014, le chômage touche en France 24,5 % des moins de 24 ans. Comment entrer dans la vie active, surtout sans diplôme ? Cela est vrai en France mais encore plus si on souhaite s'expatrier. Les titulaires d'un doctorat s'expatrient cinquante-quatre fois plus que les non-diplômés. Les parents de ces jeunes, pas seulement les diplômés, ont pourtant une lueur d'optimisme, fournie par l'appréciation souvent positive des petites, moyennes ou grandes entreprises étrangères qui recrutent ces jeunes Français ayant eu l'optimisme et l'audace d'aller voir ce qui se passe ailleurs. Du jeune cuisinier à la *success story* de jeunes créateurs de start-up en passant par des jeunes restaurateurs ou des concepteurs de dessins animés, la *French touch* est appréciée. L'intérêt d'avoir un enfant audacieux et optimiste se manifeste ici. Les parents sont souvent un peu tristes de voir leurs enfants s'éloigner d'eux mais si c'est pour leur bien !

Comment les autres parents, les plus nombreux, ne seraient-ils pas pessimistes pour l'avenir de leurs enfants, surtout si ces derniers ne suivent pas des études supérieures pour lesquelles ils ne sont pas faits ou n'ont pas les moyens matériels de les poursuivre ou encore sont moins entreprenants et prêts à prendre des risques ?

Parents et grands-parents : vers où va-t-on ?

Beaucoup d'informations ont de quoi nous rendre pessimistes pour l'avenir de nos enfants. Aujourd'hui, les conversations entre adultes à la sortie de l'école ou dans un dîner n'échappent pas à la question de savoir si nos enfants vivront ou pas dans un monde plus dur que celui d'aujourd'hui et surtout d'hier. Beaucoup sont persuadés que le monde de demain sera plus difficile pour les générations à venir. D'autres rappellent les périodes particulièrement douloureuses et traumatiques du XXe siècle. Personne ne connaît l'avenir, mais le pessimisme ambiant, certes particulièrement français, n'est pas sans arguments. Les parents sont clairement inquiets pour l'avenir de leurs enfants. Les grands-parents le sont pour leurs enfants et leurs petits-enfants. Si l'avenir a été de tout temps incertain, il est devenu de plus en plus imprévisible. J'entends régulièrement ces mêmes questions : « Que feront nos enfants, trouveront-ils un travail, auront-ils une retraite, quelle planète va-t-on leur léguer ? » Après avoir cru à un monde en constante progression pour le pouvoir d'achat, les progrès médicaux, les communications facilitées, les adultes découvrent les limites de leurs espérances en un monde meilleur. Je pourrais multiplier les raisons qui poussent à un solide pessimisme. Je n'en citerai ici que deux qui m'ont sérieusement inquiété. Le but de ce livre est justement de répondre à la question : que peut-on transmettre à nos enfants ?

Un tableau apocalyptique de la météo des prochaines décennies

Près de dix ans après l'entrée en vigueur du protocole de Kyoto qui visait à réduire les émissions de gaz à effet de serre, la question n'est plus d'établir si le réchauffement de la Terre va avoir lieu, il est irréversible. La population mondiale continue d'augmenter, il est donc nécessaire de s'adapter. À l'initiative de l'Organisation météorologique mondiale, agence des Nations unies, un millier de scientifiques ont débattu autour du thème « La météo, quel avenir ? ». Lors de ce congrès international qui s'est conclu jeudi 21 août 2014 à Montréal, les spécialistes mondiaux du climat ont brossé un tableau apocalyptique de la météo des prochaines décennies : turbulences aériennes accrues, épisodes polaires et caniculaires toujours plus extrêmes, vagues géantes de 40 mètres dans les océans. Deux semaines plus tard, une nouvelle information surgissait : un tsunami avec des vagues de 27 mètres était envisageable sur les côtes du Japon où sont construites plusieurs centrales nucléaires. Nous sommes tous concernés. Un exemple : pour ceux qui prennent l'avion, d'ici à 2050, ils passeront deux fois plus de temps en vol dans des turbulences. Et pas question non plus de se rabattre sur le transport maritime pour voyager en toute quiétude : il faut en effet s'attendre à des vagues monstrueuses sur les océans. L'épaisse calotte glaciaire du Groenland a commencé à fondre et pourrait, à terme – « pas avant le siècle prochain » –, engendrer une hausse de 6 mètres du niveau des océans, rappelle Éric Brun, chercheur chez Météo France et auteur d'une récente étude sur le sujet. Face à tant de bouleversements, Jennifer Vanos, biométéorologue à l'Université Texas Tech, estime qu'afin de tenter de protéger les populations il y a urgence à modifier l'urbanisme des villes et les modes de vie en tenant compte de cette nouvelle réalité. Mais par où commencer ? Comment mettre en œuvre de si grands changements ?

Sans cultiver un pessimisme complaisant, il y a de quoi s'inquiéter pour nos enfants et petits-enfants.

La menace du « Big Brother »

Je suis également sensible à un autre sujet qui nous concerne tous. Les avancées technologiques d'aujourd'hui interrogent de plus en plus sur leurs bienfaits pour l'homme moderne. La menace du Big Brother[5], terme utilisé pour qualifier toutes les institutions ou pratiques portant atteinte aux libertés fondamentales et à la vie privée, n'est plus un mythe. De la panne mondiale aux atteintes de la vie privée, ces catastrophes n'en sont pas que des illustrations. Dans son édition datée du 5 août 2014, le *New York Times* révèle qu'un groupe de pirates informatiques russes aurait volé 1,2 milliard de mots de passe, mais aussi les noms réels des internautes. Grandes entreprises comme plus petites ont été visées, et les États-Unis n'étaient pas l'unique cible des pirates, qui ont attaqué tous les sites Internet possible. Au total, ce sont près de 420 000 sites qui ont succombé au piratage. Le piratage révélé mardi 5 août pose une nouvelle fois la question de la sécurité sur Internet. Sans tomber dans l'horreur du *Meilleur des mondes* d'Aldous Huxley, on ne peut dénier cette question.

Que peut-on transmettre à nos enfants ?

Les parents s'inquiètent à juste titre de pouvoir donner l'image d'un avenir favorable à leurs enfants. Comment, dans ce contexte, transmettre leur expérience, leur goût pour leur métier, le sentiment qu'on peut vivre agréablement ? Les scientifiques eux-mêmes ne sont pas d'accord. Certains annoncent que l'homme aurait déclenché la sixième grande extinction de l'humanité, tel le célèbre paléoanthropologue Pascal Picq qui affirme que l'*Homo sapiens* ne tourne plus rond[6]. D'autres sont beaucoup plus optimistes, comme l'ingénieur agronome Philippe Lemercier, ou comme, je l'ai cité précédemment, le spécialiste de l'histoire maritime Christian Buchet, qui nous donne dix raisons d'être ainsi optimistes grâce à la mer. Qui doit-on croire ? Vers qui peut-on se tourner pour donner à nos enfants une vision suffisamment optimiste de l'avenir ?

Ce contexte dessine une conséquence logique dans l'esprit de nombreux jeunes : qu'avons-nous à attendre de ce que nous transmettent nos parents ? Cette question déborde de beaucoup la question de l'argent qui n'en est qu'un élément déclencheur. Les jeunes du monde agricole ou maritime, les enfants de commerçants, de PME, de grandes entreprises, pourront-ils suivre la voie de leurs parents et vivre avec un niveau économique équivalent à celui que leurs parents leur ont permis de connaître ? Les jeunes, même superdiplômés, trouveront-ils un emploi qui les intéressera ? Heureusement, la jeunesse a le goût de l'engagement et de la prise de risque, mais on comprend qu'une majorité d'entre eux préfère un emploi assurant la sécurité à un métier plus à risque nécessitant un esprit d'entreprise avec tous les risques inhérents.

La transmission de génération en génération se heurte également à une autre question : le changement spectaculaire du mode de communication des enfants et des adolescents avec les nouveaux outils multimédias par rapport à celui des adultes qui suivent ce changement plus ou moins aisément. On n'imagine pas suffisamment la charge que représente l'éducation d'un enfant aujourd'hui dans ce domaine pour des parents eux-mêmes utilisateurs de ces nouveaux objets, occupés ou fatigués de leur journée de travail ou de leurs soucis financiers.

Personne ne peut nier que les nouvelles générations naissent avec le numérique. Dès l'âge de 6 ans, les enfants affichent une maîtrise des nouveaux médias supérieure à celle des adultes. Le changement le plus spectaculaire concerne le temps passé par les adolescents au téléphone, comparé à celui passé sur les réseaux sociaux. Tout évolue très vite. « Les conversations téléphoniques ne totalisent plus que 3 % de leurs échanges, 90 % des communications des 12 à 15 ans se faisant à travers les réseaux sociaux[7]. » La mesure du fameux quotient intellectuel (QI) sera-t-elle bientôt remplacée par le « quotient digital », nouvel indice servant à mesurer l'« âge informatique » des individus comme un rapport de l'Office of Communication, régulateur des communications au Royaume-Uni, en introduit la notion ?

Doit-on s'en inquiéter ou pas ? Personnellement, j'entends régulièrement de nombreux parents et professionnels de l'enfance s'interroger sur l'utilisation excessive des écrans multiples de leurs enfants et sur ce que sera, pour les générations futures, le monde de demain.

Ma grand-mère me racontait quand j'étais enfant qu'au même âge que le mien, elle s'éclairait à la bougie. L'électricité n'était pas encore généralisée dans toutes les maisons. Il m'est arrivé de dire à mes enfants qu'à leur âge je découvrais pour la première fois un écran de télévision. Pour les enfants et les adolescents d'aujourd'hui, le monde qu'ils préfèrent est celui des Playstation, des smartphones, des tablettes, et surtout des ordinateurs pour les réseaux sociaux et les jeux en ligne, en attendant bientôt les drones et les robots. Le temps des générations futures passé devant les écrans ne fait que croître d'année en année. L'autorité parentale s'exerce de plus en plus autour de l'utilisation quotidienne de ces nouveaux « joujoux », du « contrôle parental d'accès à Internet » et de la limitation de l'utilisation du smartphone.

Comment optimiser l'orientation donnée à ses enfants ?

Il est donc naturel que l'on s'interroge sur l'orientation que va choisir son enfant. Les conseillers d'orientation scolaires et les cabinets privés ne désemplissent pas. Il s'agit certes de prendre en compte les goûts de l'enfant, ses motivations et ses capacités, mais aussi de définir comment chaque parent peut soutenir un projet d'orientation. Il s'agit aussi, de façon réaliste, d'orienter vers les métiers qui fourniront du travail et des débouchés à la place de ceux qui disparaîtront ou seront fortement dévalorisés dans le futur. Un magazine, en juillet 2014, a consacré une étude exclusive aux métiers qui montent, ceux qui vont résister et ceux qui vont disparaître. Il est amusant, et en même temps inquiétant de constater que les dix métiers gagnants, appelés à se développer, correspondaient à des métiers dont la très grande majorité des parents ne connaissaient pas l'existence. Qui conseillerait à son enfant d'être « Designer d'experience », « Experte bilan carbone » ou « Community manager » qui consiste à être agent de marque sur les réseaux sociaux[8] ?

L'enjeu est de rester suffisamment optimiste et lucide pour être porteur de valeurs et d'un projet, de soutenir et d'encourager l'enfant ou l'adolescent à être tenace et « bagarreur » afin d'atteindre l'objectif qu'il s'est fixé. Bien mesurer et développer la motivation et l'optimisme de l'enfant s'avèrent de première nécessité. Mais cet exercice est nettement moins facile que pour les générations précédentes.

L'école d'hier ou de demain ?

Qu'est-ce qui rend les Français si malheureux ? Le chômage, le travail... l'école ? Le chômage et le travail viennent généralement en premier motif. Le pessimisme des Français serait-il également dû à son système scolaire, et cela tout autant pour les parents qui y ont été confrontés que pour les enfants qui le vivent quotidiennement ?

Une critique excessive des enseignants

Les conflits entre parents et enseignants ont beaucoup augmenté depuis vingt ans. Je ne fais pas partie de ceux qui critiquent les enseignants dans leur ensemble. Ils sont confrontés à trois difficultés particulières. J'en ai eu de nombreux témoignages.

La première des difficultés rappelle celle que l'on peut rencontrer dans les familles composées de plusieurs frères ou sœurs mais de façon encore plus importante : on ne peut pas gérer de la même façon un enfant et un groupe d'enfants. Les enseignants s'adressent régulièrement à des groupes de trente élèves, quand ce n'est pas trente-cinq et plus. Si les classes se composaient seulement de vingt élèves, personne ne s'en plaindrait.

La seconde difficulté des enseignants concerne leur formation. Les enseignants apprennent-ils bien à enseigner ? Un rapport des inspecteurs généraux de l'Éducation nationale et de l'enseignement supérieur, au cours de l'année 2014, constate que les enseignants sont encore bien peu formés à enseigner. La réforme organisant les écoles supérieures du professorat et de l'éducation, qui ont ouvert leurs portes à la rentrée 2013, avait pour objectif de former des enseignants moins centrés sur le savoir que sur les savoir-faire[9].

La troisième de ces difficultés a trait au degré de liberté que les enseignants ont par rapport aux exigences de leur institution et du système scolaire français, incontestablement très traditionnelles. Ce système constitue un repère mais aussi une limite à la créativité et la sensibilité personnelle de chaque enseignant.

Une critique du système scolaire et de la pédagogie traditionnelle

On peut comprendre que le système scolaire se soit senti mal à l'aise à l'époque du *Cercle des poètes disparus*, dans lequel un professeur donnait toute son énergie à laisser de jeunes adolescents suivre leurs fantasmes. À cette période des années 1970-1980, contre une éducation trop stricte, s'était substituée une idéologie éducative trop libertaire prônée par certains et rapidement critiquée par les parents. Il n'empêche que les enseignants, dépendants de l'institution à laquelle ils appartiennent, sont obligés de dispenser avant tout des connaissances académiques plutôt que des savoir-faire. Ils doivent aussi répondre à des programmes prédéterminés pour tous alors qu'il serait souhaitable de pouvoir développer davantage d'enseignements plus individualisés, à dispenser en petits groupes plus homogènes.

Une enquête réalisée en 2014 auprès de 645 experts mondiaux, dans le cadre du WISE, forum mondial sur l'innovation en éducation, anticipe un système éducatif

« bouleversé » au cours des deux prochaines décennies[10]. Pour 71 % d'entre eux, le professeur ne sera bientôt plus celui qui dispense la connaissance, mais un guide qui aide les élèves. Pour 83 %, les programmes auront laissé place à des contenus beaucoup plus individualisés et 75 % pensent que les compétences personnelles seront plus importantes que les connaissances académiques, ces dernières étant accessibles à tout moment sur les plates-formes en ligne. On peut craindre que l'école française soit en retard d'une révolution.

À cela, il faut ajouter que le système scolaire a de vrais problèmes pour accueillir des enfants en grande difficulté. De trop nombreux enfants sortent prématurément du système scolaire sans avoir les compétences de base que tout système éducatif devrait leur apporter.

Chacun sait aujourd'hui que ce qui fait bouger l'école ce sont moins les grands discours que les micro-initiatives menées çà et là sur le terrain.

Le système scolaire français suscite de nombreuses interrogations et des critiques en particulier de la part des enseignants eux-mêmes. Dans le journal *Le Point* du 28 août 2014, un article est consacré à un ouvrage collectif sur le thème de la confiance en France[11]. Les auteurs de cet ouvrage défendent à nouveau la thèse d'une France montrant « une satisfaction privée et un pessimisme collectif ». Les Français seraient confiants dans leurs proches et méfiants envers les institutions. Ils critiquent le fonctionnement hiérarchique et ont une suspicion à l'égard de l'absence d'autonomie qui s'établit à l'école. Selon eux, les racines du mal se trouvent au sein même du système scolaire. Les critiques sont nombreuses : l'école n'assure plus son rôle d'ascenseur social, toutes les enquêtes confirmant que l'école française renforce les inégalités[12], un système éducatif qui décroche dans les classements internationaux, un nombre déprimant d'élèves qui ne raccrochent plus jamais, des enfants confrontés à des exercices anxiogènes, des parents et des enfants auscultant la notation très précoce, qui finit par déboucher sur de l'humiliation. En définitive, une atteinte grave à la confiance en soi.

Des réflexions et des orientations visent à renouer avec cette confiance tant pour les adultes dans le monde du travail que pour les enfants dans un système scolaire, qui doit être amélioré. La confiance naît, aujourd'hui, de la reconnaissance (des élèves et des salariés). Elle se renforce grâce à la bienveillance qui autorise le sentiment d'appartenance. Dix recommandations de l'ouvrage collectif *Et la confiance bordel ?* vont dans ce sens. Les deux premières concernent le système scolaire : d'abord, « en finir, en matière scolaire, avec les redoublements (inutiles et coûteux) et renverser un enseignement trop vertical, afin de faire cesser le gâchis humain éducatif ; ensuite « innover pour renforcer l'estime de soi et le bien-être des enfants, sans en faire l'objectif premier du projet éducatif[13] ».

Ce point de vue n'est pas isolé. Dans un article du *Monde* la journaliste Maryline Baumard écrit : « Classé aujourd'hui cinquième pays du monde pour son pourcentage de diplômés de l'enseignement supérieur au sein de sa population adulte, les États-Unis vont perdre du terrain dans les années à venir[14]. » Que se passe-t-il donc chez l'Oncle Sam ? La crainte que la société numérique ne permette plus de valoriser les diplômes classiques plane évidemment sur les esprits... Sur cette toile de fond tissée de doute, se greffent des mouvements qui prônent de travailler dès la sortie du secondaire, d'entreprendre et de montrer que « *Yes, you can !* » avant toute chose. Un autre phénomène monte en puissance, il explique comment on peut rester une société de la connaissance sans être une société du diplôme : il s'agit bien sûr des MOOC (pour Massive Open Online Courses). Ces cours en ligne gratuits, qui connaissent un engouement important, misent sur la formation et non sur la certification, pariant que suivre un cours est plus important que de présenter un diplôme. À cela s'ajoute le constat que la notion de savoir est remise en cause par la société numérique annonçant la fin de l'école reposant sur l'acquisition du savoir pour une nouvelle école refondant notre rapport au savoir et valorisant le savoir-faire et le savoir-être[15].

Élitisme contre positivisme pédagogique à l'anglo-saxonne

Claudia Senik, spécialiste de l'économie du bonheur[16], a choisi de concentrer une partie de ses recherches sur le rôle de l'Éducation nationale[17]. Son hypothèse est que le système éducatif français pourrait conditionner ses usagers à un état de mélancolie. Ce conditionnement est alimenté par la contradiction qui existe entre la promesse de l'égalité des chances, la méritocratie, et la réalité d'une sélection élitiste. Cet élitisme est notamment caractérisé par l'importance accordée au français et aux mathématiques.

Dans une interview à *Rue89.com*, Claudia Senik témoigne de sa propre expérience : « J'ai adoré l'école, je suis un pur produit de l'école française, j'étais supercompétitive, j'adore être au sommet, mais ce n'est pas généralisable. On ne peut pas exiger de tout le monde de se concentrer, de rester toute la journée assis sur une chaise quand on est un enfant. »

Autrement dit, tout le monde ne peut pas sortir du système éducatif chercheur, astrophysicien ou prix Nobel. L'école française ne serait donc pas la mieux placée pour forger une bonne estime de soi.

Le travail n'est plus émancipateur

Pour Samuel Lézé[18], le système français n'a pourtant rien à envier à l'élitisme à l'américaine : « Qui peut se payer des études aux États-Unis si ce ne sont les élites ? », et admet qu'il existe une contradiction entre l'idéal de l'école républicaine française et la réalité à la sortie de celle-ci. Il estime ainsi qu'il existe une inadéquation entre les formations proposées et les débouchés effectifs. « 40 % des Français ont une formation qui n'a rien à voir avec leur profession, explique l'anthropologue. Paradoxalement, la plupart de ces gens sont plus heureux dans l'emploi qu'ils occupent que ceux qu'ils étaient promis à exercer [...]. Ce qui devient problématique c'est que, de plus en plus, le travail n'est plus un vecteur d'émancipation mais un moyen de subsistance. »

De plus, « le chômage de masse entretient depuis les années 1970 un sentiment de fatalité chez les Français, un message largement relayé au niveau de l'Éducation nationale ». Pour Samuel Lézé, si le malheur français prend ses racines au niveau de l'école et a une composante conjoncturelle, il dépend aussi de l'état des structures sociales qui relèvent davantage de décisions politiques que de dispositions culturelles.

L'école la plus anxiogène d'Europe

Denis Meuret, professeur à l'Institut de recherche sur l'éducation (IREDU), rejoint Claudia Senik dans la mise en cause d'une conception trop élitiste du système scolaire français. D'après lui, il existe effectivement une forte pression sur les élèves, constamment comparés à un référent d'excellence. « D'après de nombreuses études, dont les études Pisa de l'OCDE, on sait que l'école française est l'une des plus anxiogènes en Europe notamment parce qu'elle installe les élèves dans une hiérarchie binaire entre l'excellence et ce qui est perçu comme médiocre », décrit-il.

La manifestation la plus caractéristique de cette hiérarchisation est la dévalorisation des filières techniques. C'est un reproche récurrent des entreprises françaises de ne pas disposer de suffisamment de techniciens. Selon elles, la France a développé les filières générales en véritables « voies de garage » pour beaucoup de jeunes qui ne trouvent pas de débouchés au sortir de leurs études au détriment des filières techniques reléguées à des « orientations par défaut », et ce en dépit des réalités économiques.

Une spécialisation absurde ?

Pour Denis Meuret, on sous-estime le besoin des entreprises en compétences générales qui permettent de comprendre et d'analyser les choses. « Le problème est que l'école française ne met pas assez d'enseignement général dans les filières techniques », explique-t-il. D'ailleurs, pour ce professeur en sciences de l'éducation, il n'existe pas de « voies de garage », ce sont juste « des filières mal organisées ». « Le niveau de spécialisation très poussé de chaque filière juste après le bac est absurde. Aux États-Unis, la spécialisation arrive en quatrième ou en cinquième année, avant, c'est le jeu des options, c'est ce qui permet à chaque filière de se décloisonner et d'ouvrir plus largement le profil des étudiants au monde professionnel. »

Difficile pourtant d'affirmer définitivement que le malheur des Français est intrinsèque à leur culture. Pour Claudia Senik, d'ailleurs, il s'agit encore d'une hypothèse qu'elle continue d'étudier. Le thème du malaise de l'Éducation nationale fait toutefois l'unanimité, et il existe une convergence d'analyse sur ses causes. Difficile de dire qu'il n'existe aucun lien entre le bonheur et l'éducation... D'ailleurs, les chercheurs interrogés relèvent les mêmes symptômes sociaux qui inquiètent : taux d'alcoolémie élevé, et taux de suicide le plus élevé d'Europe chez les 18 à 25 ans...

Incontestablement, ces différents points de vue n'aident pas l'optimisme des parents sur l'éducation reçue à l'école quelles que soient les qualités pédagogiques des enseignants à qui sont confiés leurs enfants.

Une famille en pleine mutation

Les enfants d'aujourd'hui ne grandissent plus dans un modèle de soumission. Ils demandent à participer et à s'engager dans l'action. Ils sont moins inhibés que par le passé et plus optimistes sur les possibilités d'exprimer leurs désirs… mais comme des enfants : parfois avec excès, parfois avec naïveté.

Les adultes d'aujourd'hui ne peuvent plus exiger un modèle éducatif de perfection. Quand ils ont du mal à se faire obéir, *hard power*, les parents (comme les enseignants) ont à exercer un *soft power*, mais un pouvoir quand même. Lors d'un sondage publié en 2011, 80 % des sondés répondent que, d'une manière générale, on avait l'impression que les parents aujourd'hui, ou les parents autour des personnes interrogées, avaient du mal à se faire obéir[19]. Cela voudrait-il dire que face à des enfants s'exprimant plus facilement, signe une fois de plus d'optimisme, les parents d'aujourd'hui plus pessimistes se sentiraient moins confiants dans leur capacité à exercer une autorité, certes adaptée et graduée, dont la difficulté a toujours été d'aimer et de punir ? Verrait-on se dessiner une sorte de déséquilibre entre des enfants plus optimistes et des parents plus pessimistes ? Face à des enfants manifestant des traits d'optimisme, rencontrerait-on de plus en plus d'adultes présentant des traits de caractère pessimistes : manque de repères, et donc de confiance dans son rôle de parent éducateur, défaut de combativité quand cela est nécessaire, difficulté à tenir son rôle d'« éducateur » dans une société de plus en plus complexe, à l'avenir incertain, chamboulée par la crise économique.

La valeur famille en question

À cela s'ajoute un paradoxe : la famille reste une valeur forte pour la grande majorité des Français, en particulier lorsqu'on les interroge sur ce qui leur procure le plus de satisfaction dans la vie. Mais on constate en même temps que la stabilité familiale du passé est fortement mise en question. Le nombre important de divorces, de parents élevant seul leur enfant, de difficultés d'engagement des jeunes dans l'officialisation symbolique du couple et, pour un nombre croissant, du souhait de rester célibataire en sont les principaux signes.

Au-delà de tout jugement sur le bien-fondé ou non de cette évolution, le fait est incontestable. Serait-il aussi le signe d'un certain pessimisme, de la part d'un nombre croissant d'adultes, sur la capacité à s'engager sur le chemin d'une vie de couple, de parent et de famille ? Choix, engagement, qui n'est pas toujours facile et nécessite parfois des efforts et une ténacité face aux obstacles ; efforts et ténacité, traits caractéristiques d'une attitude optimiste...

Il n'y a pas de parent parfait

Être un parent parfait, désir souvent exprimé avec humour ou une note d'idéalisme, est, aujourd'hui comme hier, impossible.

Il n'y a ni parent parfait ni méthode éducative ayant fait l'unanimité ou ayant donné la preuve de son intérêt ou de son efficacité. Ce que je vous propose, dans ce livre, c'est plutôt un état d'esprit à développer. Il repose sur trois principes de base que j'ai déjà présentés : l'amour de son enfant (mais pas à tout prix), le bon sens mais aussi la logique dans ce qu'on dit ou fait pour lui[20].

L'enfant vit surtout dans le présent ; il a besoin de repères concrets et manifeste une sensibilité, beaucoup plus importante qu'on l'imagine, à l'authenticité et à l'injustice.

Si au « principe de réalité » doit toujours s'associer le « principe d'amour » de l'enfant, si à l'enchantement et au plaisir d'avoir un enfant peuvent également s'associer des moments de fatigue et de lassitude, je pense qu'aujourd'hui, peut-être encore plus qu'hier, chaque parent se doit de rechercher un optimisme nécessaire et suffisant, d'autant plus nécessaire et suffisant que le contexte et les changements contemporains se montrent plus aigus. Si « être un parent parfait constitue une ballade de l'impossible », être un parent optimiste représente un projet réjouissant dans ce monde qui ne suscite que peu de joie.

Un monde difficile pour les jeunes

Pour ceux qui ne poursuivent pas leurs études au-delà du secondaire, mais aussi pour les étudiants en fin d'études, le spectre du chômage est fortement présent. Dès le début de leurs études supérieures, les jeunes découvrent les difficultés du monde moderne. La hausse du coût de la vie pour les étudiants en est significative. Hausse des loyers des petites surfaces, gel des bourses : le coût de la vie pour les étudiants grimpe encore à la rentrée 2014, obligeant de plus en plus de jeunes à travailler à temps plein pendant l'année. Ils n'y étaient pas habitués, contrairement à ce qui se passe dans les pays anglo-saxons. Près d'un tiers (29,6 %) des étudiants salariés occupe ainsi un emploi à temps plein pendant l'année universitaire, contre un cinquième (18,5 %) en 2006, selon les données récoltées par l'UNEF, premier syndicat étudiant. Ce constat, qui alimente le pessimisme ambiant, se heurte à un fait incontestable : le coût beaucoup plus élevé des études dans de nombreux pays, et en particulier dans les pays anglo-saxons. S'il n'y a pas de parent parfait, il n'y a pas, non plus, de pays parfait.

L'accumulation des biens rend-elle heureux ?

Une autre raison peut également être évoquée sur la vision d'un monde futur difficile pour les jeunes : ils ne disposeront plus d'une progression du niveau de vie dont leurs parents ont pu bénéficier au cours des cinquante dernières années. La protection sociale sera moins généreuse, les retraites risquent de ne plus être versées, etc.

La dernière ou les deux dernières générations de jeunes ont été confrontées au culte de l'argent et de la consommation. Mais on sait aujourd'hui que l'accumulation des biens n'a jamais rendu heureux. L'argent, contrairement à ce qu'on aurait tendance à penser, ne rend pas profondément et durablement optimiste ; aucune comparaison à ce niveau avec l'amour ou un véritable soutien amical, familial ou social. Tous les sondages le confirment. L'argent ne fait pas le bonheur. Une expression qui pourrait être le véritable leitmotiv du débat qui émerge en France sur le bonheur.

Une des études publiées par Claudia Senik sur le bonheur des Français, ou plutôt sur leur malheur, a fait grand bruit... Passée inaperçue en France, cette étude a été remarquée en Grande-Bretagne. « Ce n'est pas étonnant que les Britanniques soient plus enclins à s'intéresser à ce genre de sujet, ils sont beaucoup plus en avance sur les questions de bonheur qu'en France. Ce thème fait d'ailleurs l'objet de véritables politiques publiques là-bas », explique Samuel

Lézé[21], anthropologue et chercheur au programme « Le bonheur à l'école » pour l'Institut français de l'éducation.

Il faut dire que l'étude est peu reluisante pour les Français. D'après la chercheuse, professeur à la Paris School of Economics, il existe une mélancolie intrinsèque à la société française, qui est de nature culturelle. Pour arriver à ce constat, Claudia Senik a comparé trente années d'informations statistiques sur le niveau de vie des Européens, et leur perception du bonheur à travers des études d'opinion. Il existe un écart constant entre la France et la moyenne européenne et ce, depuis les années 1970, époque où les premières données apparaissent. Cette perception du bonheur s'inscrit très en deçà du niveau de vie qui constitue objectivement un certain confort.

Que représente l'argent aujourd'hui ? Et demain ? Paradoxalement, depuis les années 1970 qui ont suivi les fameux événements de Mai 68, le culte de l'argent et du profit a de plus en plus caractérisé notre société, au risque, récemment, de faire sombrer l'économie mondiale, avec toutes les conséquences négatives qui ont touché en premier les moins riches. Beaucoup considèrent qu'aujourd'hui plus qu'hier l'argent rend dépendant les uns et malheureux ceux qui en manquent. « Être » ou « vivre mieux » a été remplacé par le « toujours plus ». De façon latente ou explicite, chacun se sent menacé par un risque de manquer et de ne pas permettre à ses enfants d'avoir des chances suffisantes de réussir sa vie. Les enfants sont directement concernés et n'échappent pas à cette ambiance générale. Leurs demandes immédiates ne sont plus « Est-ce que tu m'aimes ? » mais « Qu'est-ce que tu me donnes ? ». Ce type de demande se projette également sur la représentation qu'ils ont de leur avenir.

Toutes les études sur l'argent ont montré une déconnexion entre la possession de biens matériels et l'optimisme ou le sentiment de bonheur, autrement dit ce n'est pas parce qu'on possède beaucoup qu'on est plus heureux.

La solution serait-elle de quitter notre pays ?

Un fait est là : l'expatriation des Français augmente depuis dix ans, de 3 à 4 % par an selon le Quai d'Orsay et concerne davantage les jeunes ayant des profils qualifiés, mais de plus en plus de jeunes de toutes formations pensent à partir à l'étranger.

Un magazine économique présentait un dossier sur les quinze villes dans le monde où il fait bon travailler et qui offriraient les meilleurs cadres de vie professionnelle et privée. La première ville française était Paris, mais n'arrivait qu'en onzième position, devancée en Europe par Amsterdam, Madrid et Londres, sans parler au-delà de l'Europe de Dubaï, Toronto, Singapour, Hong Kong, New York et Shanghai. Il faut souligner que les critères pris en compte n'étaient pas seulement économiques, la qualité de vie, le coût de la vie et l'attractivité globale en faisaient partie[22].

Une question se pose : ceux qui partent sont-ils les plus pessimistes sur l'avenir en France, accréditant ainsi le sentiment général des adultes, ou au contraire sont-ils les plus optimistes, en acceptant de prendre des risques ?

« Il n'est pas raisonnable d'être sage » lorsqu'on appartient à « une génération exclue de tout[23] »

La difficulté de notre monde suscite également un sentiment de désespérance chez les jeunes que partage un certain nombre d'adultes. Des mouvements comme celui des « Indignés » ou des « Rebelles » en sont les signes manifestes. On retrouve les témoignages d'une jeunesse qui se considère sans avenir peut-être plus encore dans des écrits littéraires que dans des mouvements politiques comme par le passé. Sortant de notre hexagone je citerai ici l'écrivaine italienne Silvia Avallone dont le premier roman *D'acier*[24] s'est arraché à plus de 500 000 exemplaires et a donné lieu à un film, *Le Lynx,* présenté à la Mostra de Venise en 2012. Ce premier roman retrace une partie de l'enfance de l'auteur dans la ville où elle vivait au rythme du dernier haut-fourneau d'un grand complexe sidérurgique : « Cette usine me fascinait. Par sa présence "mastodontique", sa puissance lyrique... », écrit-elle. Son roman raconte l'épopée de cette usine mythique, passant de l'âge d'or à la déchéance puis à sa destruction et à l'exclusion de tous ceux qui y travaillaient.

Un roman plus récent de Sylvia Avallone, intitulé *Marina Bellezza,* raconte l'histoire de deux jeunes confrontés au changement de ce monde qui ont compris qu'il était illusoire de retourner en arrière et même d'attendre la « fin de la crise ». « Dire non. Montrer qu'avec un esprit de conquistador, on peut reconquérir une terre. » Deux de ces nouveaux conquérants, Marina et Andréas, n'ayant rien à perdre, foncent tête baissée. Marina s'est juré que ses talents de chanteuse la propulseraient en haut de l'affiche et Andréas laisse tomber ses études pour « réhabiliter le métier le plus ancien de la vallée, celui de paysan éleveur comme son grand-père l'était. » « L'un rêve de très grand, l'autre de très local ». C'est entre ces deux « idéaux » que le roman se développe. « Il n'est pas raisonnable d'être sage » lorsqu'on appartient à « une génération exclue de tout, née au mauvais moment, au mauvais endroit », écrit la romancière.

L'avenir est-il si sombre ?

En définitive, les adultes jeunes et moins jeunes sont-ils aujourd'hui trop pessimistes ? Qui peut nier que notre monde est difficile et qu'il le sera peut-être encore plus demain ? Doit-on prévenir son enfant afin de le préparer aux difficultés qu'on anticipe pour lui, au risque de lui transmettre une vision pessimiste de l'avenir, ou doit-on au contraire faire tout notre possible pour développer son optimisme qui lui permettra d'affronter avec combativité mais lucidité les obstacles qui se présenteront à lui ?

C'est une attitude parfois très répandue de critiquer le monde contemporain ou encore la jeunesse. On entend par exemple souvent un discours critique à l'égard des nouveaux médias, et d'Internet en particulier. Il y avait le même discours sur la télévision qui détournait les jeunes de la lecture et de la possibilité d'échanger des points de vue en famille comme cela se faisait avant. En déplaçant cette critique sur Internet et son utilisation par les enfants et les adolescents d'aujourd'hui, n'entretient-on pas un point de vue pessimiste sur ce qui les intéresse ? Internet permet aussi de communiquer, d'apprendre, de connaître le monde et peut même être utilisé comme outil préventif dans certains problèmes qui affectent justement les jeunes, tels les problèmes de santé ou l'orientation à la fin des études. L'Organisation mondiale de la santé fait du suicide une cause internationale de santé publique, sachant en particulier qu'il représente la deuxième cause de mortalité chez les jeunes âgés de 15 à 29 ans. Ce même organisme dédié aux questions de santé dans le monde relève également que l'utilisation d'Internet et des médias sociaux pourrait « constituer une stratégie universelle de prévention du suicide ».

J'aimerais reprendre les critiques adressées au système éducatif français. Comme je l'ai dit précédemment, beaucoup d'actions innovatrices sont insuffisamment connues. Les constats pessimistes sur l'éducation des enfants risqueraient de faire oublier les nombreuses actions individuelles ou plus collectives menées par des enseignants. J'ai participé à un colloque organisé en 2014 par l'AFPSSU (Association française de promotion de la santé scolaire et universitaire) dont l'objet était de « promouvoir une école attentive aux singularités, attachée au bien-être et au parcours de réussite des jeunes, et toujours soucieuse de préserver une collectivité sereine, au sein de laquelle écoliers, collégiens et lycéens pourront apprendre et vivre au mieux leur jeunesse ». Ce colloque, réunissant en particulier enseignants, proviseurs, inspecteurs d'académie, médecins scolaires, psychologues et responsables politiques, a mis en valeur de nombreuses initiatives, souvent peu connues et insuffisamment généralisées.

À propos de la difficulté de ce monde pour les jeunes et du désir d'expatriation d'un certain nombre d'entre eux, on peut se demander s'il n'y a pas d'autres manières de voir les choses. Ne suffirait-il pas souvent de montrer qu'en France il est possible de voir le verre à moitié plein plutôt qu'à moitié vide ? Le journal *Le Monde*, au début de l'année 2014, témoignait du « plébiscite » des étudiants étrangers ayant choisi la France pour poursuivre leurs études et pouvoir ensuite travailler dans notre pays : un « pays merveilleux », disent certains, « où il fait bon vivre et débattre » disent d'autres, « où les gens sont certes râleurs, mais aussi engagés, ouverts, solidaires[25] », disent les troisièmes.

Autre bonne nouvelle : une nouvelle génération arrive dans le monde du travail. Ce ne seront plus aux aînés, parfois trop pessimistes, de demander aux jeunes de s'adapter mais à ces « seniors » pessimistes de s'adapter à ces nouvelles générations. La révolution numérique métamorphose de manière spectaculaire tous les secteurs et les métiers. Ce constat est fait également par les dirigeants actuels : « Les entreprises doivent valoriser la marque employeur en ces périodes difficiles. Elles vont de plus en plus devoir faire preuve d'une grande créativité aussi bien en interne qu'en externe pour motiver leurs collaborateurs et convaincre les talents de les rejoindre », explique Didier Pitelet, président de l'Association des agences conseils en communication pour l'emploi. « Le monde professionnel est comme jamais impacté, influencé par des causes exogènes à l'entreprise et voit tous les modèles évoluer... », constate-t-il également. Il poursuit : « Les entreprises vont devoir renouer avec l'enthousiasme, l'énergie et faire preuve d'imagination pour attirer et retenir les jeunes[26]. »

Le rapport au travail et à l'emploi des Français change. Les crises qui se sont succédé depuis août 2008 ont transformé le monde. Après la génération Y, une nouvelle génération baptisée « génération Z » va bousculer les habitudes et les codes du travail. « Ces jeunes gens sont nés après 1995. Ils seront sur le marché du travail dans quatre à cinq ans. La crise économique n'est pas un sujet pour eux dans la mesure où c'est leur cadre de vie depuis toujours. Ils en sont les enfants comme ils sont les enfants du monde numérique. Ils sont nourris de la culture Internet. Les entreprises vont vivre une véritable révolution sociologique », poursuit Didier Pitelet. Pianotant sur leur mobile, jonglant avec leur tablette, ces jeunes hommes et femmes ne font pas la différence entre vie privée et vie professionnelle. Ils ont passé des heures sur les réseaux sociaux. Ils sont à la fois pragmatiques et sans tabou. « Ils souhaitent avoir un contact direct avec les managers, y compris ceux ayant les plus importantes responsabilités dans l'entreprise. Ils auront une attitude plus créative que leurs aînés », affirme Didier Pitelet. Refusant les rapports d'autorité qui fonctionnent aujourd'hui dans les entreprises, ils souhaitent entretenir des relations plus personnelles et plus directes avec les dirigeants. « Les employeurs vont devoir gagner leur confiance et faire l'effort de décoder leurs codes sans *a priori* », résume Didier Pitelet. Le temps où le salarié s'engageait en faveur d'une entreprise qui lui offrait un emploi permanent et une réelle sécurité est définitivement révolu. Le besoin irrésistible d'affirmer ses envies va devenir la règle. Les nouveaux salariés se rêvent en stratèges de leur vie professionnelle. Voila un point de vue optimiste sur les jeunes, leurs attraits et leurs potentialités. Encore faut-il que notre pays valorise l'attractivité du travail, les responsabilités et l'accessibilité aux décisions quels que soient les niveaux hiérarchiques, afin que chaque individu puisse s'épanouir au plan professionnel, dans les entreprises comme dans l'administration.

Nombre de ces jeunes expatriés pourraient alors envisager un retour en France et ceux qui ne l'ont pas quittée y seraient plus heureux.

L'avenir est peut-être davantage en marche qu'on l'imagine.

Encore faut-il aussi que, dès la petite enfance, le pessimisme, bien compréhensible, des parents ne les empêche pas de penser à l'avenir de leurs enfants et à l'optimisme dont ils ont besoin pour avancer dans la vie.

Le chef d'orchestre d'origine sud-coréenne, directeur musical de l'Opéra de Paris à 36 ans, Myung-Whun Chung, décide à 60 ans de renouer avec son enfance de pianiste prodige en publiant le premier album solo de sa longue carrière. Sur les conseils de son fils, il prend cette décision pour ses petites-filles et en particulier la plus grande qui n'arrête pas de lui réclamer des morceaux. À l'occasion de cette sortie, Myung-Whun Chung raconte l'Europe et son enfance ; selon les dires de ma mère, il ne voulait que deux choses : « Manger du chocolat et jouer du piano. » Il tenait ce goût de ses deux sœurs aînées qui jouaient d'un instrument.

Le regard de cet optimiste de la vie sur les origines de son amour pour la musique remonte incontestablement à son enfance, à ses parents qui reconnaissaient en lui l'enfant déjà passionné, à ses sœurs à qui il avait envie de ressembler.

On pourrait inscrire dans la chambre de chaque parent et au fronton des écoles : « Espérer de l'avenir et transmettre cette espérance à l'enfant lui ouvrira le chemin de l'optimisme, c'est-à-dire celui de la liberté. »

Certes, les Français ont la réputation d'être râleurs et pessimistes, mais ne serait-ce pas parce qu'ils aiment réfléchir, s'interroger et se poser des problèmes ou parce qu'ils associent le pessimisme à la lucidité ?

Peut-on être un parent souhaitant que son enfant soit optimiste et lucide ? Parents, éducateurs, enseignants, responsables politiques n'ont-ils pas une double responsabilité, celle de préparer leurs enfants et la jeunesse en général à combattre plutôt qu'à subir, mais n'ont-ils pas non plus la responsabilité d'apprendre à être réaliste et lucide ? Beaucoup de parents et de grands-parents tentent de gérer cette contradiction : pour eux-mêmes, leur déprime actuelle et la nostalgie des jours heureux et pour leurs enfants et petits-enfants, le désir d'un lendemain et d'un avenir.

Chapitre 7

LES ENFANTS GRANDISSENT EN QUÊTE DE MOTIVATION ET DE CONFIANCE EN SOI

Les enjeux de l'optimisme sont multiples : motiver son enfant de telle façon qu'il en ressente les bienfaits puis lorsqu'il grandit qu'il puisse lui-même se motiver sans l'appui de ses parents. Ce travail de fond se construit tout au long de l'enfance et de l'adolescence et l'optimisme familial y est pour beaucoup. Toute la question est de savoir comment préparer au mieux ce terrain.

Chaque parent souhaiterait que son enfant se motive pour des activités autres que le jeu ou des comportements qui ne soient pas toujours marqués du sceau de l'opposition. Le style parental éducatif joue donc un rôle prépondérant.

De l'enfant passif à l'enfant actif et motivé

La principale mutation de nos sociétés contemporaines concerne l'éducation des enfants. L'apport majeur a été l'idée que le bébé est une personne beaucoup plus sensible et réceptive au monde qui l'entoure qu'on le pensait auparavant. L'intérêt accordé à la quête de motivation de l'enfant, qui en fait non plus un sujet passif récompensé ou puni mais un enfant actif et motivé très précocement, s'est largement développé ces dernières années.

On peut rappeler ici que l'éducation et l'influence parentale ont reposé classiquement sur deux axes :

- D'abord la « permission *versus* contrainte » ou les manières dont l'autorité parentale s'applique à la vie enfantine. Les principaux indices de cet axe sont les responsabilités qui sont transmises aux enfants pour leur permettre de devenir plus autonomes et les ordres ou les restrictions qui leur sont imposés.
- Puis l'« affection *versus* hostilité » qui définit la manière dont les parents s'engagent pour l'avenir de leur enfant : par exemple l'enthousiasme avec lequel ils prennent part à sa vie, le temps qu'ils lui consacrent, les émotions et les activités partagées avec lui et de l'autre les conflits, les querelles et les rejets plus ou moins explicites.

Évidemment, pour rendre un enfant actif et motivé, il est préférable de le responsabiliser et d'exprimer affection et enthousiasme pour ce qu'il est et ce qu'il entreprend.

La méthode de la carotte et du bâton : encore utile, mais on peut faire mieux pour rendre son enfant optimiste

La bonne vieille méthode éducative de la carotte et du bâton reste à l'ordre du jour dans l'éducation des enfants, mais elle a été très critiquée, à juste titre, dans ses excès. Les méthodes qui se sont appuyées essentiellement sur le « bâton » ont souvent échoué, mais toutes celles qui ne se sont appuyées que sur la « carotte » n'ont pas obtenu de meilleurs résultats. Si notre société s'indigne à juste titre des enfants maltraités et a créé la fonction de « défenseur des enfants », elle constate aujourd'hui les excès d'une éducation qui ferait de l'enfant un « roi » se transformant avec le temps en un enfant ou un adolescent « tyran ». Toute attitude extrême ou trop systématique dans un sens ou dans un autre doit être sérieusement repoussée.

Je rencontre encore des personnes qui en doutent. Il y a les parents qui ont été eux-mêmes élevés dans une éducation privilégiant l'une de ces deux méthodes et qui ont très peur de la reproduire et d'en faire subir les conséquences à leurs propres enfants. Généralement, ils ont conscience de cet héritage éducatif et essaient de trouver un meilleur équilibre éducatif grâce à l'autre parent du couple. Parmi ceux qui critiquent, il y a ceux qui n'ont jamais élevé d'enfant et qui sont des donneurs de leçons, évidemment sans grand risque.

Plus généralement, plus personne ne doute aujourd'hui que les enfants ont besoin de récompenses *et* de punitions. Il n'en demeure pas moins que ce n'est pas si facile à mettre en place. Les récompenses n'ont de raison que si elles sont justes et expliquées. Pour les punitions, il est toujours difficile d'aimer son enfant et de le punir. La principale difficulté est que la mesure choisie, récompense ou punition, soit en rapport avec le comportement observé, c'est-à-dire qu'elle soit adaptée et graduée. Sinon l'enfant n'aura plus vraiment confiance dans ce que vous lui demandez.

Comment valoriser sans survaloriser

Se substituant peu à peu à cette bonne vieille méthode de la carotte et du bâton, l'éducation contemporaine a mis plus fortement l'accent sur la nécessité de valoriser l'enfant pour lui donner confiance en soi et le motiver. Une grande partie de ce qu'on appelle aujourd'hui la « psychologie positive » repose sur cet état d'esprit.

Quand votre tout-petit crayonne, il est dans son monde. « À ce moment-là, tout ce qui vient de l'extérieur est perçu comme une critique », observe Roseline Davido[1]. D'où l'importance de faire attention à ce que vous dites ! « Il faut accueillir le dessin de votre enfant comme il est, sans poser de questions », poursuit la spécialiste. Si vous demandez à votre enfant : « Pourquoi papa n'a pas de cheveux ? », ou « Comment ça se fait que ton soleil est bleu ? », vous risquez de le déstabiliser. « Lorsqu'un enfant prend conscience qu'il y a quelque chose dans son dessin qui interpelle l'adulte, il essaye de le masquer, explique la psychologue. Il demande une gomme. » Cela est valable à la condition qu'on puisse aussi parfois donner du sens au dessin de l'enfant.

Le meilleur accueil que vous puissiez faire aux productions de votre petit artiste, poursuit cette collègue, ce sont quelques mots tout simples : « C'est très joli, mon chéri, je te remercie. » Ainsi valorisé et encouragé, il va pouvoir continuer à projeter librement sur le papier ce qui se passe à l'intérieur de lui… et à vous offrir ses dessins comme autant de cadeaux ! N'ayez pas peur de les accrocher dans la cuisine ou ailleurs ou de les encadrer au-dessus de votre lit, rien ne peut lui faire davantage plaisir.

L'amour qu'on porte à son enfant lui donne naturellement confiance et le valorise. Il est tout à fait normal d'aider son enfant à développer une bonne estime de lui-même, de stimuler ses dons et ses talents et de remarquer ouvertement ce qu'il réussit, ce qui le motivera pour les activités suivantes. L'important est surtout de ne pas le dévaloriser.

L'enfant, au fond de lui, aime être apprécié mais à sa juste valeur. Il sait rapidement distinguer les compliments qu'on lui fait pour ce qu'il réussit, pour ce qu'il fait de bien. Rappelons ici ce proverbe chinois : « Le monde entier m'encense, je ne ferai plus d'effort, le monde entier me dénigre, je ne me laisserai pas abattre. » Il est donc important de valoriser sans survaloriser. L'enfant sait très tôt sans se le formuler clairement qu'il a des forces et des faiblesses, des qualités et des défauts. Le valoriser à l'excès peut l'amener à penser que tout lui est dû et ses désillusions en cas de difficultés risquent d'être d'autant plus douloureuses ; le survaloriser risque aussi paradoxalement de susciter, quand il échoue, plus de pessimisme que d'optimisme ou de désir de réussir la prochaine fois. La survalorisation n'entraîne pas de motivation intrinsèque, c'est-à-dire venant de l'enfant lui-même. Elle ne peut que donner un coup de fouet momentané et temporaire à l'image satisfaisante qu'il a de lui-même.

Derrière ces questions se profile la quête d'une bonne motivation, signe d'un être heureux et équilibré ; en d'autres termes comment motiver l'enfant à devenir autonome, responsable de lui-même, sans oublier le souci de l'autre.

Les trois moteurs pour motiver son enfant

On considère qu'il existe trois moteurs de la motivation[2] :

- La première motivation qu'on pourrait appeler la motivation 1.0 renvoie à ce qui nous pousse, en tant qu'être humain, à avancer depuis la nuit des temps. Ce sont tout simplement nos instincts, qu'on peut observer chez le bébé qui cherche à vivre et à survivre. Cette intention de vivre ou de survivre peut être vue comme un signe d'optimisme présent en nous, à des degrés divers, dès notre naissance. Nous pouvons y faire appel lorsque nous nous sentons en danger.
- La deuxième motivation, qu'on pourrait désigner comme la motivation 2.0, repose sur le constat que, très tôt dans notre vie, nous cherchons la récompense et évitons les punitions. Notre comportement est donc motivé par cela. Le principe de récompense est profondément inscrit dans notre vie et ce principe est très clair pour beaucoup d'entre nous. Un axe important de l'éducation repose sur cette motivation qui permet d'obtenir de l'enfant ce que les parents souhaitent qu'il fasse ou réussisse. Elle représente en fait ce qu'on nomme plus prosaïquement la « méthode de la carotte et du bâton » évoquée précédemment. Elle a incontestablement certains avantages, car elle n'aurait pas été utilisée depuis si

longtemps et toujours aujourd'hui, mais elle comporte aussi des inconvénients. Son principal avantage est de révéler très rapidement la ou les raisons de motivation.

Lorsqu'on dit à un enfant qu'il aura en dessert la glace qu'il aime s'il dessine tranquillement dans son coin plutôt que de chahuter avec son frère ou sa sœur, il comprend tout de suite de quoi il s'agit ; il en sera de même d'une punition.

Mais ce système de motivation a des limites. Il fonctionne au coup par coup puisqu'il dépend à chaque fois d'un facteur extérieur source de récompense ou de punition. Il peut devenir addictif, l'enfant prenant l'habitude de n'entreprendre une action qu'à l'unique condition de recevoir quelque chose en retour. En outre, il ne suscite pas, chez l'enfant, de créativité propre.

Surtout, cette motivation peut entretenir un optimisme ponctuel, de circonstance. L'enfant fournit un effort pour réussir ce qui lui a été demandé, mais il ne développe pas chez lui un point de vue intrinsèquement optimiste et qu'il aurait vraiment fait sien.

• La troisième motivation est appelée par Daniel Pink motivation 3.0. Le degré interne d'optimisme de l'enfant en est ici un moteur. Il n'est plus déclenché par une raison venant d'une autorité externe mais l'enfant lui-même a la satisfaction d'en être à l'origine, entretenant ainsi son sentiment d'autonomie et de maîtrise de ce qu'il fait, ainsi que la satisfaction de l'avoir fait de façon personnelle.

Cette dernière motivation est la seule qui permet à l'enfant de prendre confiance en lui et de développer son propre optimisme sans se sentir étouffé par la demande de ses parents. Ceux-ci en seront récompensés par le fait que, progressivement, ils n'auront plus besoin ou peu d'utiliser la méthode de la carotte et du bâton. La motivation des enfants s'harmonisera beaucoup mieux avec celle des parents. Chacun en sera d'autant plus heureux.

Mère et père : accord et conflit

Chaque parent a son point de vue sur la meilleure manière d'éduquer et donc de motiver son enfant. Si le premier mode de motivation suscite généralement un accord entre la mère et le père, il n'en est pas toujours de même pour les deux suivants. Selon l'éducation qu'il a reçue et sa personnalité, chaque parent peut préférer aider un enfant à se motiver en lui promettant des récompenses ou en le punissant ou bien en souhaitant qu'il trouve en lui-même suffisamment de motivation pour réaliser ce qu'il doit faire. Cela peut être une source de désaccord et de conflit. Une fois de plus, les deux méthodes peuvent avoir leur utilité selon les circonstances et le caractère de l'enfant. Mais travailler à développer un caractère optimiste chez l'enfant favorise sa motivation interne, qui, incontestablement, sur la durée, sera la meilleure des motivations.

L'optimisme source de motivation durable permet même à l'enfant de vivre des situations dont il saura tirer des enseignements. Par exemple, en famille, les conflits entre les parents ou entre frères et sœurs sont inévitables, mais il comprendra qu'il est possible d'apprendre à les gérer tout en observant qu'un excès de conflits est destructeur.

Un enfant n'aime jamais voir ses parents se disputer, mais éviter les conflits n'est pas la réponse et il comprendra intuitivement que c'est le parent souvent le plus optimiste qui arrive à les résoudre.

Ainsi, on ne développe pas l'optimisme chez un enfant simplement pour qu'il se sente mieux dans sa peau ou pour lui éviter un certain mal-être qu'une tendance trop pessimiste susciterait mais parce qu'un tel un mode de pensée plutôt optimiste retentira dans tous les domaines de sa vie.

Chapitre 8

LES BIENFAITS DE L'OPTIMISME CHEZ L'ENFANT

La découverte des bienfaits de l'optimisme justifie à elle seule de s'attacher à mesurer et développer l'optimisme chez son enfant.

Optimisme et confiance en soi

Le secret de l'optimisme réside dans notre perception des choses et dans la manière dont nous les gérons. Sur ce plan, optimisme et confiance en soi sont des sentiments très proches chez l'adulte comme chez l'enfant. L'optimisme permet d'avoir une représentation de soi positive. Il stimule à prendre des risques sans appréhension excessive de l'engagement, à entreprendre et de ce fait améliore la confiance en soi et l'estime de soi. Être optimiste dans la vie permettrait de reconnaître son potentiel.

Défini de telle sorte l'optimisme semble très proche de la confiance en soi, qui peut se définir[1] comme une capacité à penser pouvoir se confronter aux défis de la vie. Il s'agit en fait de croire que ce que l'on est en train de faire ou ce que l'on va faire, on le fait ou on le fera suffisamment bien. Confiant en soi, on se sent dans son droit d'être heureux, d'avoir le sentiment d'être valable, méritant, et de pouvoir jouir des fruits de ses efforts. En un mot, on se sent bien. Ce sentiment se vit simplement, sans excès, sans poussée de mégalomanie. De même que les appréhensions et les larmes perdraient toute leur valeur si nous n'étions qu'optimistes, la confiance en soi ne serait pas reconnue si nous ne commettions pas des erreurs de temps en temps.

Mais un enfant, parce que c'est un enfant, peut manifester des signes d'optimisme tout en manquant de confiance en soi. Celui qui se lance dans un projet, dans un jeu ou dans un apprentissage peut échouer et se sentir nul. Le manque de confiance en soi pénalise l'enfant dans son épanouissement s'il n'est pas soutenu par un optimisme lui permettant de penser qu'en essayant, certes il a échoué mais il a surtout tenté de réussir. Si ses pensées le portent à se dire : « Je n'y arriverai jamais », « Je suis nul en tout », le pessimisme l'emporte sur l'optimisme. Il faut alors l'aider à développer son optimisme dans différents champs pour qu'il puisse prendre confiance en lui. C'est en cela que l'optimisme constitue un bienfait manifeste pour acquérir une confiance en soi suffisante. Devenant plus optimiste, il améliorera sa confiance en lui et l'estime qu'il a de lui-même. Cela explique pourquoi il est nécessaire de laisser les enfants faire des expériences, se confronter à la vie, faire des erreurs, et cela quel que soit leur âge – les parents assurant toujours le rôle de guide et de garde-fou. Si vous empêchez un petit de chuter, vous retarderez son apprentissage de la marche, et pire vous diminuerez probablement ses capacités motrices, parce qu'il aura peu confiance en lui dans ce domaine. Pour apprendre à marcher, un enfant doit tomber et apprendre à se relever et à persévérer ! Il en est de même quand il apprendra à faire du vélo. Sinon, bien plus tard, il risque de ne jamais oser apprendre à conduire. Notre rôle est de veiller surtout à limiter les risques de danger. C'est en cela que les parents doivent eux-mêmes être suffisamment optimistes sur les capacités de leur enfant, en cas contraire ils lui transmettront leurs craintes et ne lui permettront pas de prendre confiance en lui. L'optimisme parental peut aussi les aider à accepter qu'ils ne sont peut-être pas toujours les mieux placés pour les aider dans telle ou telle activité, mais que leur fille ou leur fils a des capacités que d'autres sauront mieux mettre en valeur. Leur propre optimisme leur permettra d'avoir confiance dans d'autres adultes ; le bénéficiaire en sera l'enfant.

Optimisme et apprentissages

Une des caractéristiques fondamentales de l'optimiste est sa capacité d'espérer et son aspiration à réussir ce qu'il entreprend. Plusieurs études ont relevé les liens qui existent entre les enfants, les étudiants présentant cette disposition et une meilleure compétence et une plus grande créativité dans les apprentissages scolaires[2]. Il n'est pas surprenant que les étudiants satisfaits de leur cursus manifestent cette disposition et que plus cette disposition est développée, plus ils réussissent sur le plan scolaire. Le pouvoir prédictif de cette disposition reste significatif même quand on a contrôlé le niveau de satisfaction, l'estime de soi, l'intelligence des étudiants.

L'inverse a été malheureusement également confirmé. Les enfants ne présentant pas suffisamment cette disposition ont un niveau d'anxiété plus élevé, particulièrement dans des situations d'apprentissage et de compétition. Une des explications est qu'ils ne s'intéressent pas suffisamment aux erreurs et aux difficultés qu'ils rencontrent. Tout l'enjeu devient donc de montrer à l'enfant ses erreurs et ses difficultés sans le décourager. C'est ici que la manière de penser « optimiste » telle que je l'ai présentée dans la première partie du livre est importante. Quand on montre à son enfant ses difficultés ou ses erreurs, il ne faut pas les généraliser à tout ce qu'il entreprend ni les présenter comme habituelles, il faut plutôt les particulariser à ce qui vient de se passer.

Ainsi il pourra développer cette capacité à réussir ce qu'il apprend ou entreprend dans les domaines scolaires, techniques ou universitaires qui l'intéressent. Dans ce qui l'intéresse moins ou peu, cette capacité de réussir influencera positivement son état d'esprit là où les difficultés se présenteront.

L'optimisme aide d'abord à se préparer aux examens et à réussir. Une étude a démontré qu'un optimisme élevé est positivement corrélé à un haut niveau de réussite chez les jeunes débutant leur vie universitaire ainsi qu'à l'acceptation d'un comportement de prévention vis-à-vis de sa santé[3]. L'optimisme permet enfin d'obtenir une meilleure réussite dans différents domaines extrascolaires comme le sport.

Optimisme et vie familiale

Il existe des moments favorables où l'optimisme se partage facilement, les fêtes, les vacances, une réussite scolaire ou professionnelle, une bonne nouvelle pour l'un des membres de la famille. Un sentiment de fierté d'appartenir à cette famille s'installe et peut même se communiquer entre enfants ou adolescents. En famille comme dans la vie sociale, l'optimisme se communique, le pessimisme aussi !

Votre enfant vous rendra optimiste et votre optimisme l'influencera dans le même sens. Cependant une attitude trop optimiste ou trop pessimiste peut susciter une réaction opposée de la part des autres membres de la famille.

Une famille développe un état d'esprit positif quand elle a le souci de partager les bons et les mauvais moments. Elle manifeste au contraire un état d'esprit négatif quand chacun se replie sur soi et manifeste de l'indifférence à ce qui se passe pour les autres. Les personnalités les plus optimistes de la famille entraînent ceux qui le sont moins vers cet état d'esprit positif.

Une petite fille de 6 ans en vacances prend le téléphone pour parler à ses grands-parents. Elle est connue pour son caractère déjà bien affirmé et incontestablement optimiste. Elle semble joyeuse et heureuse de ce qui se passe pour elle. Sa première phrase est de dire à sa grand-mère : « Tu sais, le mois n'est pas fini. » (Elle reprend la classe à la fin de ce mois de vacances). Sa seconde phrase est : « C'est bien ici, vous pouvez venir aussi », sans se soucier si cela est possible ou non. Elle est certes éduquée dans un climat familial où le partage est une valeur importante, mais la spontanéité de ses phrases témoigne de son propre élan. Son optimisme lui permet d'intégrer totalement cette valeur familiale du partage.

Optimisme et relations sociales

Un enfant ou un adolescent joyeux, enjoué, proposant des activités à ses amis, suscite plus d'attrait auprès des autres enfants ou adolescents de son âge. Cela ne l'empêche pas, par moments, d'être sérieux ou même, adolescent, de partager ses pensées sombres courantes à cet âge, mais il sera toujours prêt à soulager le groupe par ses interventions et son humour.

Une ouverture sur les autres permet également d'aider et de se faire aider de ses camarades, notamment dans les activités scolaires. Il est toujours touchant de voir, lorsqu'un enfant ou un adolescent a des difficultés, de santé par exemple, que les liens favorables qu'il a établis avec les amis de sa classe ou d'autres amis lui permettent de constater qu'il est apprécié, qu'on lui rend visite, qu'on vient chez lui et que chacun est prêt et à lui fournir ce dont il a besoin.

L'optimisme favorise également les relations sociales en cas de conflit dans un groupe ou entre deux groupes. Les enfants ou adolescents optimistes savent plus facilement initier une négociation tout en affirmant leurs points de vue. Ils sont appréciés pour cela. Les représentants ou les délégués de classe élus par leurs pairs sont généralement d'un niveau d'optimisme suffisant pour susciter la confiance des autres.

Inversement, lorsqu'un point de vue optimiste est, chez certains, entravé, cela peut être la source de conflit et d'émergence d'agressivité parfois latente. Un point de vue négatif ou un pessimisme plus ou moins implicite suscite des ruminations qui freinent l'enthousiasme du groupe, l'adhésion à un projet de l'un ou de l'autre. Par exemple, on répondra alors à la question « Qu'est-ce qu'on fait ? » en disant que ce n'est pas une idée intéressante ou par un « C'est toujours pareil » lassant et déprimant. Cela peut même aller jusqu'à causer des frustrations et de l'agressivité. Un regard pessimiste sur les autres peut se transformer en une méfiance excessive ou en des sentiments malveillants.

Un enfant optimiste, parce qu'il sait spontanément aller vers les autres y compris ceux qu'il ne connaît pas, se fait également volontiers de nouveaux amis. À mesure qu'il avance en âge, il établira de nouveaux contacts. Les parents peuvent parfois s'inquiéter de perdre le contrôle des relations qu'il peut établir. Ici, mesurer son degré d'optimisme prend toute sa valeur. Autant un niveau d'optimisme insuffisant est source d'inhibition et de repli et donc de difficultés dans les relations sociales, autant un niveau d'optimisme excessif peut amener l'enfant ou l'adolescent à faire des rencontres et à établir des liens sans qu'il prenne toujours la mesure des risques que cela peut entraîner et dont il dénie, en général, la réalité.

Optimisme et santé

Si l'on définit la santé comme un état de bien-être physique, mental et social et non pas comme une simple absence de maladie[4], il ne fait pas de doute que l'optimisme favorise la santé de l'enfant. Certains programmes comme la Family-Centered Positive Psychology (voir chapitre 18, p. 260) se sont centrés sur l'approche familiale en référence à la « psychologie positive ». Ils cherchent à promouvoir les forces et les compétences de la famille en se centrant sur les relations parents-enfants plutôt que sur les difficultés ou les problèmes. Ils se différencient en cela des approches des thérapies familiales mieux connues en France et en Europe. L'esprit est celui d'une collaboration et d'un partenariat plutôt que d'un traitement. Le but est de travailler plus « avec la famille que pour la famille[5] ».

Si on aborde la question des troubles psychologiques de l'enfant, on peut également constater que les enfants présentant ces troubles sont plus souvent pessimistes que le contraire, mais ce sont généralement ces troubles qui les empêchent d'être optimistes.

Néanmoins l'optimisme permet d'attribuer aux sources de stress une importance plus relative, comme une autre étude réalisée auprès de plus de 700 étudiants l'a montré. Cet optimisme, chez ceux qui le manifestent, leur permet aussi de développer des attitudes d'ajustement et des capacités cognitives à faire face aux problèmes plus grandes que ceux qui sont plutôt pessimistes[6]. On peut citer également une autre étude faite auprès d'étudiants québécois qui montre que plus ces étudiants étaient optimistes, moins ils risquaient de présenter d'idées suicidaires[7]. Cela est important, car contrairement à ce que l'on a pensé par le passé, on connaît aujourd'hui les liens existant entre les idées suicidaires et le risque de passage à l'acte.

Les programmes éducatifs centrés sur le développement d'une pensée optimiste comme le Penn Prevention Program utilisé dans plusieurs pays du monde, et dont je parlerai plus en détail dans le chapitre 15, p. 225, ont montré leur valeur préventive dans le risque de dépression et même dans l'accompagnement positif chez les enfants ou les adolescents dépressifs.

Plusieurs recherches internationales ont montré les effets favorables de l'optimisme sur la prévention et l'observance des soins chez les personnes optimistes, qui se prennent davantage en main et sont prêtes à lutter, dans le cas de maladie grave comme le cancer ou les maladies cardiovasculaires. On connaît les effets du stress sur le déclenchement de certaines de ces maladies, l'optimisme aurait un effet inverse. Toutes ces recherches ont été faites chez l'adulte[8], mais on a toutes les raisons de penser que ce qui a été constaté chez l'adulte n'est pas remis en question chez l'enfant. Il existe pourtant une situation où un excès d'optimisme peut être préjudiciable : c'est face à une maladie grave comme le cancer chez l'enfant ou l'adolescent. La Ligue contre le cancer alerte les parents d'enfants présentant ce grave problème de santé sur le risque de le minimiser.

TROISIÈME PARTIE

L'OPTIMISME EN FAMILLE, ÇA SE TRAVAILLE

Quarante ans de vie personnelle et professionnelle auprès d'enfants et d'adolescents m'ont donné quelques idées éclairantes sur le monde de l'enfance. Chaque enfant fait sa propre expérience, aucun n'est totalement identique à un autre, même les vrais jumeaux. Il n'en demeure pas moins que les recherches sur le monde de l'enfance se sont incroyablement enrichies depuis quarante ans et que j'ai souhaité dans ce livre transmettre à chacun, parent et enseignant, des connaissances qui permettront de rendre les enfants le plus heureux possible.

L'optimisme de l'enfant s'inscrirait-il dans notre évolution ou plus précisément dans notre phylogenèse, soit la filiation de l'espèce humaine depuis ses origines ? Les hommes des cavernes ont peut-être été des parents formidables. Dans l'imaginaire collectif, l'« homme de Neandertal » était un rustre violent et la vie des enfants courte et brutale. Pourtant, selon une étude publiée dans l'*Oxford Journal of Archeology*, nos ancêtres, les hommes des cavernes étaient de bien meilleurs parents que ce que l'on pensait jusqu'ici.

Les chercheurs ont ainsi montré que les sépultures des enfants comportaient plus de mobiliers et d'os que celles des adultes. Autre preuve : les archéologues ont retrouvé des mini-haches ayant pu servir de jouet, on peut ainsi penser que les parents encourageaient les enfants à jouer. Penny Spikins, une des auteurs de l'étude, regrette les clichés négatifs véhiculés sur le Neandertal : « Peut-être sont-ils trop proches de nous ? Peut-être avons-nous besoin de quelqu'un avec qui nous comparer pour nous sentir mieux ? » Le fait est que l'enfant a été, plus qu'on ne l'a dit, un « bien précieux pour l'humanité », qu'il a ainsi bénéficié de davantage d'attention que ce que l'on croyait et que cela lui a permis de se sentir suffisamment important pour les adultes et a renforcé son optimisme sur lui-même et sur le monde.

Les décennies récentes qui se caractérisent par l'émergence de « l'enfant roi » sont peut-être moins originales qu'on le dit.

À propos du trait de caractère « optimiste », on a pu dire que pour un quart il relèverait d'un facteur génétique. Il est vrai que personne ne s'y trompe en disant, à propos d'un ou plusieurs de ses enfants, « C'est un optimiste » ou « C'est un pessimiste ». Mais personne ne conteste que l'optimisme de l'enfant relèverait pour trois quarts de l'éducation et de l'environnement. Le philosophe Arthur Schopenhauer ne fut pas un modèle d'optimisme. Bien qu'ayant écrit *L'Art d'être heureux, à travers cinquante règles de vie*[1], il a volontiers soutenu l'idée que le pire est toujours possible : « Tout va bien, ça pourrait être pire. » Ce pessimisme profond a-t-il été dû au fait que son père était dépressif, sa mère indifférente, qu'une sœur s'est suicidée et que son rival, Hegel, fut beaucoup plus populaire que lui à son époque ? Quelle était la part d'une hérédité dépressive, d'un environnement entravant tout optimisme dès l'enfance ou encore d'une accumulation et d'une succession de situations l'empêchant, malgré ses efforts, de pouvoir être optimiste sur la vie ? Bien malin qui pourrait le dire.

Cette opposition entre ce qui relève de la nature et ce que l'on doit aux événements de la vie, à l'éducation et au contexte socioculturel, pour expliquer notre caractère est aujourd'hui fortement remise en question. La plasticité de nos cerveaux, dès la naissance et tout au long de l'existence, permet de penser que tout ce qui se passe pour nous depuis notre arrivée sur terre interagit avec les cent milliards de neurones et les mille millions de synapses qui constituent le cerveau. C'est ce qui fait l'incroyable imprévisibilité de notre destin. Il n'empêche que nos traits de caractère, parties visibles de l'iceberg, comportent des dominantes dont on peut penser qu'elles se construisent peu à peu au cours de l'existence.

On comprend mieux ainsi l'intérêt d'étudier la spirale éducative que l'on peut proposer à un enfant.

Chapitre 9

UNE NOUVELLE SPIRALE ÉDUCATIVE QUI FAIT PROGRESSER L'ENFANT

Très tôt – et certains diront trop tôt – l'enfant partage sa vie entre la maison et l'école. Son éducation se fait tout autant en famille qu'à l'école. Le développement d'un enfant se fait à un rythme variable selon chacun. Il nécessite à la fois une cohérence éducative, une complémentarité dans les compétences qu'on souhaite qu'il possède et la conscience que ce développement ne se fait pas en ligne droite mais en spirale, permettant ainsi de revenir à la fois sur un même principe tout en passant d'un niveau à un autre. C'est en cela que l'image dynamique de la spirale est meilleure que celle de la ligne droite ou du cercle fermé sur lui-même.

À la maison

Chaque parent souhaite multiplier les chances qu'il peut donner à son enfant en favorisant son développement cérébral et ses comportements affectifs et relationnels. Un parent qui s'intéresserait uniquement à ses problèmes de santé physique, à ses humeurs ou à ses angoisses passerait à côté de l'idée que, chez l'enfant, tous les aspects de sa vie interagissent. Faire progresser, valoriser ou encourager son enfant n'est pas un signe de laxisme ou d'amour à tout prix, cela n'exclut pas les critiques quand elles s'avèrent nécessaires. L'aimer c'est aussi être conscient qu'il n'est encore qu'un enfant même s'il veut faire comme les plus grands au point, parfois, d'être trop exigeant. Ne pas faire en sorte de le mettre en échec sur ce qu'il entreprend est une autre marque d'amour, même si l'enfant doit savoir tester ses possibilités, essayer, échouer, retenter, avant de réussir. On n'imagine pas à quel point les enfants sont sensibles aux jugements. Si on dit d'un enfant que c'est un paresseux au lieu de lui faire remarquer qu'il n'a pas suffisamment essayé, par exemple de faire un puzzle ou de ranger sa chambre, il pensera qu'il est un paresseux, que ses erreurs viennent de lui, de son caractère et qu'il ne peut rien y faire. Être précis dans ses critiques est une règle éducative fondamentale reposant sur une explication des faits plus optimiste que pessimiste. Cela évite d'avoir un point de vue pessimiste sur soi et permet de conserver une vision optimiste des différents aspects de sa vie et de ce qu'on réussit par ailleurs.

Plusieurs facteurs éducatifs peuvent étayer l'optimisme de l'enfant.

• La valeur de l'exemple et de la transmission des sentiments et des modes de pensée. Une étude a montré que le regard des parents sur les comportements de l'enfant modèlerait de manière durable sa façon d'expliquer et d'interpréter les événements qu'il vivra tout au long de sa vie[1]. Être soi-même optimiste favorise l'optimisme de son enfant. Dès l'âge de 5 ans, un enfant comprend ce qu'est une pensée positive et qu'elle amène à se sentir mieux. Cela a été prouvé par une étude portant sur 90 enfants. Les chercheurs leur ont proposé de lire des histoires illustrées dans lesquelles il y avait des personnages dont les sentiments étaient identiques, ni optimistes, ni pessimistes, qu'ils aient vécu quelque chose de positif comme accueillir chez soi un petit chien ou vécu quelque chose de négatif comme renverser du lait, ou vécu un événement « neutre » comme une rencontre. Ensuite, dans l'histoire, un personnage présentait une pensée optimiste qui donnait à l'histoire un éclairage positif. Un autre présentait une pensée pessimiste donnant à l'histoire un éclairage négatif. Les chercheurs ont mesuré le niveau d'optimisme et d'espoir pour chaque enfant. Les parents aussi donnaient leur propre avis sur leur optimisme et celui de leur enfant. Les résultats de cette étude ont montré que les enfants, dès l'âge de 5 ans, étaient capables de voir que les personnes ayant eu des pensées positives se sentaient mieux que celles qui avaient eu des pensées négatives.

De façon encore plus intéressante, ce n'est pas son propre niveau d'optimisme mais celui de ses parents qui permettait à l'enfant de connaître le bénéfice de la pensée optimiste. Ces observations montrent l'importance de l'influence parentale. Ce sont les parents qui pour beaucoup peuvent apprendre comment utiliser ses pensées positives pour se sentir mieux dans des situations difficiles[2].

• Un attachement sécurisant qui entretient l'optimisme de l'enfant. Une qualité de liens de proximité, d'attachement et d'amour le rassure, suscite du plaisir et soutient un optimisme naissant.

• À cela s'ajoute la confiance manifestée à l'enfant ou l'adolescent. Il s'agit de l'aider à construire, sur le long terme, un sentiment d'efficacité par des comportements concrets dans lesquels il réussit. Lui faire confiance, le valoriser sans le survaloriser. Il n'est pas dupe et attend aussi des parents d'être critiqué quand il le mérite.

• L'optimisme parental nécessite de savoir utiliser ses propres ressources psychologiques pour ne pas être débordé par une vision anxieuse ou négative des difficultés rencontrées en famille. Des programmes d'accompagnement (voir chapitre 18, p. 257) font découvrir les premières ébauches de ces ressources chez l'enfant et aident les parents à transmettre tout ce qui rend un être humain plus confiant en ses capacités.

Le point de vue des parents sur l'école

Savoir encourager son enfant et permettre que cette spirale éducative optimise ses potentialités, c'est aussi s'intéresser à ce qui se passe dans sa vie quotidienne, et en particulier dans le milieu extrafamilial que représente l'école.

Chaque parent a l'espoir que son enfant aille à l'école en y trouvant un véritable intérêt. Le voir malheureux ou plus encore souffrir de l'école provoque une profonde inquiétude. Susciter chez l'enfant l'espoir qu'il y trouve un intérêt et même le plaisir d'apprendre et de rencontrer d'autres enfants de son âge soulage généralement les parents d'un poids considérable.

J'ai rencontré, durant toute ma carrière, des parents inquiets de la scolarité de leur enfant. Les raisons en étaient variées. Pour certains, il s'agissait d'un moment difficile mais de courte durée : l'entrée à l'école, le changement d'établissement, un fléchissement momentané, un conflit avec un enseignant, un problème de camaraderie, une question d'orientation, un problème familial retentissant sur la scolarité. Pour d'autres, il s'agissait d'un véritable désintérêt, parfois même d'un rejet ou d'un « calvaire » quotidien.

J'ai également rencontré des adultes subissant toute leur vie durant leur « mauvaise rencontre avec l'école », certains ressentant inconsciemment tout travail comme une corvée, d'autres hostiles à toute autorité incarnée par un « supérieur », d'autres encore ne se sentant jamais à la hauteur de ce qui leur était demandé.

Pour faire progresser son enfant dans une spirale éducative positive, il est sûrement important de comprendre qu'il ne peut se construire qu'en rencontrant d'autres enfants et d'autres adultes se préoccupant de son développement. L'école est un lieu de vie avec ses codes, ses rites, ses exigences et son règlement. C'est aux enseignants de permettre qu'il en soit ainsi, mais c'est aussi aux parents de le présenter comme tel. Ce n'est pas toujours facile de présenter la scolarité sous un angle positif quand on a souffert de l'école et qu'on en garde un mauvais souvenir. Le rôle, pas toujours aisé, est donc bien de donner une idée positive de la scolarité en montrant, de manière optimiste, ce qu'elle peut apporter. Le lieu scolaire devrait être une véritable école de la vie qui prépare l'enfant à s'affronter au monde, au-delà des seuls apprentissages. Mais l'école n'est pas toujours cet espace bienveillant et rassurant. La réalité de la vie des écoliers, collégiens et lycéens n'est pas toujours non plus un long fleuve tranquille et le bonheur à l'école peut apparaître comme une sorte de mirage.

Affirmer régulièrement l'intérêt de l'école et proposer si besoin de nouvelles idées pour y parvenir optimise les chances de réussite sans pour autant tomber dans l'obsession de l'excellence.

Il n'est bien sûr pas conseillé de critiquer l'école ou les enseignants, même si le système scolaire français nécessite une évolution, en particulier en ce qui concerne la question, quasiment inconnue en France, de savoir comment favoriser l'espoir et l'optimisme de l'enfant sur les apprentissages qu'il a à faire (voir chapitre 8, p. 149). Je pense plus au système éducatif dans sa globalité qu'aux enseignants eux-mêmes. Pourquoi ? Il y a comme dans tous les métiers de meilleurs enseignants que d'autres. Il y a des enseignants qui conviendront mieux à un enfant qu'à un autre. Mais il ne faut pas oublier qu'il est généralement dommageable pour un enfant de voir les adultes qui s'occupent de lui se disputer ouvertement à son propos, cela est vrai pour les couples comme pour les relations parents-enseignants.

On voit ainsi, que ce soit à la maison ou à l'école, comment une spirale ascendante ou descendante peut facilement s'installer. Chercher à optimiser les compétences de l'enfant et savoir le critiquer sur des points précis et non pas d'une manière générale donnera toutes les chances à l'enfant de conserver et développer l'optimisme qu'il a en lui.

Chapitre 10

LE CERVEAU A SON MOT À DIRE

Il est possible de favoriser le développement cérébral de l'optimisme au moins de deux manières : soit par la déconnexion des souvenirs désagréables et de l'émotion négative qui les a accompagnés, soit par ce que les chercheurs appellent la « flexstabilité ».

La déconnexion des souvenirs désagréables et de l'émotion négative vécue

Les événements, et les émotions qui leur sont associées, sont mémorisés depuis la naissance par le cerveau du bébé. La majorité d'entre eux s'efface au fil du temps mais certains restent gravés selon leur charge émotionnelle, à partir d'un âge qui varie selon chacun, généralement 2 ans, puis un nouvel effacement s'effectue autour de 7 ans. On s'est longtemps interrogé pour savoir comment modifier la charge émotionnelle négative des souvenirs. Freud et les psychanalystes ont montré que la levée du refoulement de certains souvenirs, en permettant aux personnes de les raconter, par association d'idées ou par les rêves, en reconstruisant ce qui s'était passé et la manière dont ils l'avaient vécu, pouvait modifier les représentations et les sentiments qu'ils en avaient intérieurement. Aujourd'hui, d'autres recherches confirment cette possibilité : l'émotion liée à un souvenir peut être modifiée.

Les événements sont transformés en des souvenirs positifs ou négatifs précis. Des chercheurs japonais du Riken-MIT Center for Neural Circuit Genetics de Saitama viennent toutefois de démontrer, dans la revue scientifique *Nature,* que la « valence émotionnelle », c'est-à-dire le caractère plaisant ou déplaisant d'un souvenir peut, dans certains cas, être modifiée et même inversée à un moment ultérieur. L'équipe, dirigée par Susumu Tonegawa, a étudié la façon dont l'amygdale et l'hippocampe collaborent pour former les souvenirs. Selon qu'il est stocké dans l'amygdale ou l'hippocampe, la valence émotionnelle du souvenir varie. Le souvenir dans l'hippocampe est neutre et peut être associé tant à des émotions positives qu'à des émotions négatives. Les souvenirs stockés dans l'amygdale sont, eux, fortement associés à une expérience émotionnelle. Ainsi, modifier les cellules du souvenir de l'hippocampe peut représenter un traitement pour les troubles émotionnels, ont avancé les chercheurs. Cette découverte confirme qu'il n'est pas inutile de proposer à un enfant ou à un adolescent pessimiste de modifier la représentation négative qu'il a de ses souvenirs. Ses souvenirs sont la source de plaintes ou de regrets ; en lui demandant par exemple de clarifier le plus précisément possible ce qu'il a vécu, on pourra l'amener à modifier la charge émotionnelle des événements et à le rendre plus optimiste.

La « flexstabilité »

Dès le plus jeune âge, le sentiment personnel d'efficacité est une source fondamentale de l'optimisme. La perception des liens entre son comportement et les effets de ce dernier se manifeste beaucoup plus tôt dans l'enfance qu'on l'a longtemps cru. Il suffit d'observer les jeunes enfants pour constater que la réussite de ce qu'ils entreprennent est la source de deux plaisirs : l'avoir fait et l'avoir réussi. Quel parent n'a pas été interpellé : « Regarde mon château de sable », « Regarde mon dessin », puis un peu plus tard : « Regarde mes notes », ou « Tu as vu mon coup de pied au foot ou mon coup droit au tennis » ? Si on ne regarde pas, l'enfant insiste.

Le sentiment personnel d'efficacité, surtout chez l'enfant, repose sur le désir et la capacité de s'intéresser à des choses ou à des activités nouvelles, et à les retenir ou les pratiquer, échouer éventuellement mais dans le but de recommencer un peu différemment pour les réussir.

Grâce en particulier au travail du neurobiologiste Pierre-Marie Lledo, directeur du département des neurosciences à l'Institut Pasteur et de son équipe, on sait aujourd'hui comment stimuler le cerveau de l'enfant pour lui permettre de réussir ce qu'il entreprend[1]. Cette équipe de recherche française a permis de découvrir « cette fontaine de jouvence produisant de nouveaux neurones qui arrivent en permanence dans le cerveau ». Ce mouvement cérébral incessant fonctionne dès le plus jeune âge et se poursuit toute la vie. Comprendre que le cerveau est en perpétuel épanouissement donne espoir et suscite de l'optimisme pour ceux qui veulent progresser ou qui désirent changer.

Ce chercheur identifie trois fonctions cérébrales essentielles :

• La première fonction essentielle du cerveau est de pouvoir profiter d'être « placé dans un univers enrichi », source de stimulation et de nouveauté sensorielle, idéique ou relationnelle. Dès que l'enfant (et l'adulte) se laisse envahir par l'ennui ou la résignation, le cerveau ne crée plus de neurones neufs, il se fixe et les neurones peuvent même diminuer comme on le constate dans la dépression.

• La deuxième est l'anticipation, le cerveau est une machine à prédire.

• Le troisième fonctionnement essentiel du cerveau est la navigation incessante entre besoins de diversité, d'invention, de renouvellement et les non moins nécessaires recherche et consolidation d'une stabilité. Il a donné un nom à cette situation, la « flexstabilité ».

Pour optimiser concrètement le cerveau de l'enfant et le rendre plus optimiste, trois attitudes éducatives concrètes[2] peuvent être privilégiées : ce sont la stimulation par la nouveauté, l'anticipation et la « flexstabilité » que je vais vous présenter. Ces trois attitudes éducatives peuvent être associées.

Sortir des routines

L'originalité serait de ne pas poser les questions, que tout parent a en tête quand il se préoccupe de sa vie, de son bien-être ou de ses angoisses, à son enfant. « Qu'est-ce que t'aimes, pourquoi tu pleures, arrête de faire la tête, aujourd'hui qu'as-tu fait à l'école, t'as vu tes amis ? » Le risque est d'être dans la répétition.

• *Ce que les parents aiment savoir*

En effet, depuis des décennies nous posons toujours les mêmes questions à nos enfants. Nous nous intéressons aussi beaucoup plus qu'il y a cinquante ans à ce qu'ils disent, à leur bien-être, à leurs désirs. Nous en faisons même parfois trop. De toute façon, quand l'enfant grandit, il est préférable de commencer sa journée en lui demandant de raconter ce qui a été bon pour lui la veille, s'il a fait de beaux rêves, plutôt que de lui annoncer qu'il va faire froid ou que s'il ne travaille pas la famille ne pourra pas profiter du week-end.

Comment trouver la bonne mesure entre l'intérêt porté à son enfant, qui le réclame, et le questionnement « exagéré » qui l'exaspère ? Derrière nos questions parfois trop insistantes, perce le désir de partager sa vie, le signe d'un attachement intime mais peut-être aussi d'un besoin de contrôle ou de protection excessif. Savoir écouter ce que vous dit votre enfant est le meilleur moyen de trouver cette bonne mesure. Il est agréable pour vous parents que votre enfant vienne vous embrasser, vous faire des câlins et vous demande de s'occuper de lui, à condition que cela corresponde à votre disponibilité et votre propre désir du moment.

Il n'est pas toujours facile de se dire qu'aimer son enfant c'est aussi savoir s'en séparer.

Souvent, nous leur faisons les mêmes remarques : « Viens manger », « Qu'as-tu fait aujourd'hui ? », « Arrête de jouer », « Mets-toi au travail », « Va te coucher ». On doit aussi se demander ce qu'en pense l'enfant quand il n'est pas disposé à répondre à vos questions. Il ressent ces remarques comme des condamnations. Il vaut mieux expliquer calmement mais clairement ce qu'il pourrait faire précisément autrement.

• *Ce que les enfants n'aiment pas dire*

Il est donc important de savoir que les enfants n'aiment pas qu'on leur pose des questions. Ils ont facilement un sentiment d'intrusion qui les angoisse. Victor Hugo écrivait : « Personne ne garde un secret comme un enfant[3]. »

Mais en même temps, ils n'aiment pas qu'on ne s'occupe pas d'eux quand ils le demandent. Ils éprouvent facilement un sentiment d'abandon ou de jalousie par rapport à un frère ou à une sœur.

Deux points précis doivent être mieux connus des parents et des enseignants : ce sont d'une part les sentiments et les fantasmes plus profonds dont les enfants ne parlent pas ou peu et d'autre part la manière dont leurs modes de pensée se présentent. Aborder avec eux ces deux domaines ne doit pas se faire directement pour ne pas tomber dans les angoisses de surcharge d'informations ou de crainte plus ou moins consciente d'intrusion ou d'emprise du monde extérieur. On connaît maintenant la manière de faire pour éviter ces écueils.

Éviter une surcharge d'informations

Un enfant doit avoir le temps de stabiliser ses acquis et de les consolider. Le trop-plein de stimulations ou d'informations est nuisible et facteur de stress. C'est un des dangers de l'usage abusif par les enfants des technologies contemporaines. On peut, quand ils sont en âge de le comprendre, leur donner cet argument scientifique. Pour les enseignants, on peut apprendre à l'enfant à faire le tri entre ce qui est utile pour comprendre une situation et ce qui relève juste d'un savoir dont on pourrait parfaitement se passer. Apprendre une récitation peut être utile pour faire travailler sa mémoire, mais en comprendre son sens facilite l'effort de se souvenir de tous les mots ou des vers du texte. Il est important de soulager la charge de travail du cerveau. Celui-ci doit « respirer », avoir le temps de stabiliser tout ce qui l'a enrichi. Cela doit lui être facilité. Un exemple concret que tout enfant ou adulte a pu rencontrer concerne la pratique d'une activité physique qui permet aussi au cerveau de fonctionner ponctuellement en mode automatique, sans surcharge d'informations. Il s'agit d'une bonne façon de lâcher prise pour cesser d'être en état de stimulation cérébrale permanente. On pourrait dire que la bonne respiration physique facilite la bonne respiration mentale et le bien-être.

S'intéresser aux autres

Certaines parties du cerveau et de nos pensées ne s'activent que lorsque nous échangeons avec autrui. Ce qu'on appelle aujourd'hui le cerveau social et l'intelligence sociale sont des facteurs favorisant un « univers enrichi » puisque échanger avec l'autre permet d'engager des régions de notre cerveau qui, sinon, risqueraient de se « scléroser ». La capacité d'écouter, de respecter les opinions d'autrui, de verbaliser clairement ce que l'on dit et ce que l'on pense crée de meilleurs rapports avec les autres et correspond à différentes zones du cerveau. Quand un enfant n'écoute pas ce qu'un parent lui dit, un « Écoute-moi » sur le ton d'un ordre vient spontanément à la bouche. C'est parfois nécessaire mais cela peut aussi devenir une routine plutôt négative. Il y a une autre manière de valoriser l'écoute en la présentant comme un intérêt pour l'autre. On peut par exemple dire à un enfant : « Si tu m'écoutes, tu vas pouvoir montrer à tes amis que tu as compris, et peut-être mieux qu'eux, le nouveau jeu ou le nouveau film que vous allez partager ou regarder ensemble. Tu pourras mieux leur parler des vacances que tu vas passer. Tu en sauras plus que tes amis », qui vient équilibrer l'effort et la réticence qu'il a à écouter ce que les adultes lui disent. L'enfant aime « gagner ».

De même si votre enfant se plaint des repas de la cantine, il est bon de l'écouter tout en lui demandant s'il est content d'y aller pour retrouver ses copains. Valoriser ce dernier point par rapport au précédent le rendra plus ouvert et optimiste. N'hésitez pas non plus à lui parler du repas que vous allez préparer ou que vous avez fait avec vos amis, du plaisir de les retrouver, cela développera son goût du contact social. Vous pouvez aussi lui montrer que lorsque vous avez un problème vous n'hésitez pas à en parler, y compris avec des amis.

Savoir écouter ses enfants et leur demander en retour d'écouter ce que le parent dit développe l'intelligence sociale et constitue un facteur considéré comme une preuve d'ouverture, de curiosité et donc d'optimisme.

Chapitre 11

COMMENT OPTIMISER SES PENSÉES

Certains seront étonnés qu'on puisse optimiser les pensées d'un enfant. Pourtant c'est le cas, à condition de prendre un petit peu de temps pour mieux connaître son enfant tel qu'il est et pas seulement tel qu'on voudrait qu'il soit.

Dis-moi à quoi tu penses

Chaque parent peut ressentir intuitivement ce qu'un enfant peut ressentir intérieurement sans en parler, même s'il s'agit d'une intuition dont il n'est jamais facile d'être certain. On a toujours la crainte de projeter sur son enfant ses propres angoisses ou ses propres désirs. On peut être aussi gêné par le fait qu'on est d'un avis différent de celui de son conjoint ou des autres adultes proches de l'enfant. Il y a pourtant un moyen simple utilisé professionnellement par les psychologues de l'enfance et qui est accessible à tous : si les rêves ou les cauchemars qu'ils veulent bien vous raconter sont déjà faciles à interpréter mais parfois trop faciles par rapport aux rêves des adultes, il y a deux moyens beaucoup moins « compromettants » : les dessins et les jeux des enfants. Ce sont d'incroyables révélateurs de leurs pensées et de leurs sentiments profonds qui peuvent être interprétés et commentés par l'enfant lui-même. Vous pouvez lui demander d'expliquer pourquoi il a placé les personnages ou les animaux de telle manière et s'il s'identifie à l'un de ses personnages. Il ne faut pas en tirer des conclusions définitives mais on peut y trouver des indices de ce qu'il vit plus profondément.

Regarde-moi jouer

Dès le début de la vie, l'enfant aime jouer. Bébé, on verra le plaisir qu'il prendra à toucher les objets brillants ou qui font de la musique surtout quand ses parents les manipulent avec lui, les cachent puis les font réapparaître. Comme le dit Donald Winnicott, l'inventeur du doudou et de l'aire d'illusion : « Le contact initial entre le bébé et sa mère peut ressembler à un jeu[1]. » Le célèbre pédiatre psychanalyste ajoute que le jeu recrée le contact magique entre soi et l'autre, entre hallucination et réalité. En l'absence de ce jeu transitionnel, le corps du bébé est menacé par une excitation primaire débordante et frustrée. On comprend alors comment, en jouant, l'enfant, dès ses origines, communique ses sentiments, ses fantasmes et ses désirs d'être compris dans ce qu'il ne peut expliquer directement, soit parce que par son jeune âge, il ne peut pas encore le mettre en mots, soit, plus âgé, par pudeur.

Quand cette petite fille de 4 ans me dit qu'elle veut faire des tours de magie qui sont évidemment amusants par leur naïveté, je m'interroge sur ce qu'elle veut me montrer. Je lui demande pourquoi elle a envie de jouer à la « magicienne ». Elle me répond alors que sa grande sœur de 9 ans a reçu à Noël un jeu de magie et qu'elle y joue avec son père mais qu'elle, elle n'a pas le droit d'y toucher. J'apprends que le jeu en question de sa sœur est un jeu d'expériences de chimie. Je comprends que cette petite fille aimerait avoir la même relation que sa sœur avec son père. Cela se confirme quand elle me dit que quand elle serait grande elle ferait le même métier que sa sœur qui veut devenir infirmière : « Je veux être infirmière, comme ma sœur ! »

Quand ce garçon de 9 ans apprend à jouer avec son grand-père aux échecs, brusquement il le vouvoie comme s'il ressentait sans le dire explicitement un respect et une autorité qu'il admet sans difficulté pour pouvoir apprendre un jeu de « grand ».

Quand cette adolescente passe des heures sur un jeu informatique à la mode, *Candy Crush*, pour tenter de franchir les étapes avant que sa mère prise au jeu en fasse autant, ne montre-t-elle pas l'importance de la relation mère-fille à cet âge et la rivalité de femme qui ici se déplace par rapport à des enjeux beaucoup plus profonds ?

Regarde-moi dessiner

Comme le jeu, le dessin est un outil exceptionnel pour comprendre ce que vit profondément l'enfant dans ses désirs, ses craintes et sa vision des autres. Il nous renseigne sur le niveau affectif et émotionnel de l'enfant. Il permet aussi de voir si son évolution correspond bien à son âge. Les gribouillis sont vite remplacés par des arrondis puis, vers 3 ans, par le fameux bonhomme têtard dont on peut penser qu'il affirme sans le dire explicitement : « Me voilà, j'existe comme je te vois. »

Lorsqu'il est plus âgé, le dessin représente assez facilement la vie familiale, la place et l'importance données aux uns et aux autres. Par exemple, le premier personnage dessiné représente souvent le plus important à ce moment-là pour l'enfant. Puis, peu à peu, le dessin se conformera plus à la réalité ou sera habité par un goût esthétique plus ou moins prononcé.

Quand je demande à ce garçon de 6 ans de me faire le dessin qu'il souhaite et que je vois qu'il dessine un long serpent ayant une partie très colorée et une partie toute noire, il me dit qu'il s'agit d'un « Marser ». Étonné, je lui demande ce qu'est un « Marser ». Il me répond alors qu'il s'agit d'un Marsupilami et d'un serpent. Je comprends alors combien ce petit garçon qui est à la fois sensible, gentil, poli mais aussi violent avec sa sœur, ses amis de classe et ses jouets, ressent en lui profondément deux personnages : un gentil et un méchant. Ce que ses parents attentifs à ce petit garçon sont amenés tout naturellement selon son attitude à lui dire. Ce petit garçon n'aurait jamais dit directement qu'il se sentait gentil et méchant, mais son dessin lui permet de le faire comprendre.

S'il ne s'agit pas de faire de la psychologie à outrance avec les œuvres de votre enfant, certains indices peuvent néanmoins vous aider à mieux cerner sa personnalité. « L'intensité du trait donne déjà des indications, explique la psychologue Roseline Davido[2]. Un enfant qui n'a pas confiance en lui, qui est timoré et inhibé, tracera des traits fins, à peine marqués. À l'inverse, un enfant épanoui tracera des traits forts. » Pour cette psychologue, et beaucoup d'autres le pensent aussi, le choix des couleurs, lui aussi, « parle ». L'enfant utilise les couleurs de deux façons, d'une part en imitant la nature : ciel bleu, herbe verte, soleil jaune ; d'autre part, en suivant ce que lui dicte son inconscient. C'est là que le dessin devient révélateur. Globalement, les couleurs franches et chaudes traduisent un bon équilibre et plutôt de l'optimisme. En revanche, à partir de 6 ans, l'usage quasi exclusif du marron, du gris, du noir, de ce qu'on pourrait appeler les couleurs « sales », peut interroger sur une tendance pessimiste si cela dure.

Regarde-moi vivre

Il ne faudrait pourtant pas croire qu'on lit dans un jeu ou dans un dessin comme dans du marc de café ! Ces productions ne révèlent pas tout le monde interne de l'enfant, elles le présentent au moment où elles sont réalisées et par rapport à celui à qui elles sont destinées. Ce n'est pas parce qu'un enfant aura joué au pirate ou dessiné des barreaux aux fenêtres de sa maison qu'il voit sa famille comme une prison. Il faut savoir s'intéresser à ce que l'enfant raconte en jouant ou en dessinant et à ce qu'il dit avoir voulu représenter. Il faut aussi le regarder vivre quand il est seul, quand il est avec ses frères et sœurs s'il en a, quand il est avec ses parents, ou seulement avec son père ou sa mère, s'il est différent quand il est avec d'autres adultes. Un enfant peut être tout à fait exigeant et pénible avec ses parents ou l'un des deux et être attentif et calme à l'école ou inversement. Cela en dit long sur ce qu'il pense de lui-même, de ses frères et de ses sœurs, des amis de son âge et respectivement de ses parents, des autres adultes et de ses enseignants. L'aider à exprimer sans juger ce qu'il ressent selon les uns et les autres, ce qu'il ne dira pas facilement spontanément, optimise ses pensées en les rendant nuancées, donc assez complexes et plus riches. Face aux difficultés qu'il pourra rencontrer dans sa vie, il saura alors mieux que d'autres analyser la situation et rester confiant et optimiste dans ce qu'il peut ressentir et entreprendre.

Dis-moi comment tu penses

Il ne s'agit pas seulement de savoir à quoi pense un enfant mais aussi de mieux connaître sa manière de penser. Elle varie selon son cerveau, son âge, son éducation et sa culture. Selon l'âge, les enfants pensent par images puis par concepts, ils pensent d'abord dans l'immédiateté puis, peu à peu, en se référant au passé et au futur.

Certains pensent lentement mais de manière précise, d'autres pensent vite mais passent facilement d'un sujet à un autre. Des enfants ont une pensée très organisée, réfléchie et logique ; d'autres ont une pensée plus diffluente, intuitive et associative. Les premiers peuvent être ennuyeux pour les autres et inversement.

Il ne s'agit pas de vouloir à tout prix qu'un enfant pense comme le fait son frère, sa sœur ou le voisin ni qu'il pense comme vous le faites en tant que parent, d'autant que chaque parent a lui-même sa manière personnelle de penser qui dérange celui qui en a une autre.

Il s'agit de reconnaître la manière de penser de chaque enfant, de s'y adapter pour le comprendre, se faire comprendre et de favoriser une plus grande souplesse de son « ordinateur cérébral » quand il est trop rigide et gênant pour ses acquisitions et ses relations aux autres.

Deux clés favorisent une meilleure connaissance de l'enfant à ce niveau : savoir écouter la manière dont il pose ses questions et celle dont il répond aux vôtres.

Écoute mes questions

Sans s'être encore assis à la table du petit déjeuner, Maxime, 8 ans, s'adresse à sa mère sur un mode exigeant : « J'ai faim. » Ensuite, prêt à partir à l'école, il demande sur un ton exigeant : « Où est mon cartable ? » Sa mère lui dit : « Rien ne va, tous les matins c'est la même chose. » Il commence à pleurer ou à crier si on ne lui répond pas. Quand sa mère lui répond : « Où tu l'as posé ? », il rétorque : « C'est toi qui l'as rangé. »

Julie entre dans la pièce du petit déjeuner en ne posant pas de question. Elle regarde ce qu'il y a sur la table et choisit de prendre dans le frigidaire le yaourt qu'elle préfère. Julie ne le trouve pas, elle se tourne alors vers les fruits présents dans la corbeille, qu'elle inspecte, et choisit celui qu'elle préfère. Prête à partir à l'école, elle cherche le cahier qu'elle a déposé hier sur son lit. Il a glissé sous ses draps, elle le retrouve.

Écoute mes réponses

Maxime, lors du même petit déjeuner, bouscule le verre de sa sœur qui est sur la table. Sa sœur lui dit : « Fais un peu attention. » Il lui répond : « Tu ne peux pas mettre ton verre plus loin ? » À propos de son cartable, quand sa mère lui répond : « Où l'as-tu posé ? », il rétorque : « C'est toi qui l'as rangé. » Sa mère lui dit : « C'est toujours pareil, tu ne ranges jamais tes affaires. » Maxime lui répond : « Toi non plus, c'est Papa qui le dit. »

La mère de Julie voyant sa fille prendre un fruit à la place du yaourt lui dit qu'elle n'a pas eu le temps d'en racheter. Julie lui dit qu'elle lui fera penser la prochaine fois, quand sa mère fera la liste des courses qu'elle prépare le samedi avant de faire un gros marché ou qu'elles feront des courses ensemble. La mère de Julie se moque gentiment et avec humour de sa fille en lui disant qu'elle s'est sans doute endormie en regardant son cahier. Julie lui répond : « Ça ne serait pas arrivé si j'avais lu avant de m'endormir *Les Douze Pendules de Théodule* d'Alfred Hitchcock. »

En regardant plus précisément les questions que posent Maxime et Julie, et leurs réponses respectives[3], on connaît mieux les deux chemins de pensée que suivent ces enfants.

Bien qu'il ne soit plus un bébé, Maxime a tendance à s'appuyer sur ce que peuvent lui apporter les autres plutôt que de chercher à se débrouiller par lui-même. Il s'énerve, se met en colère quand on ne répond pas à ses demandes. Cela est constaté aussi bien lors du repas que dans le rangement de sa chambre ou quand il doit faire son travail de classe à la maison. Il peut agacer, car il n'a jamais tort.

Cela lui est reproché tout autant par ses parents, son frère et sa sœur que par ses amis de classe. Il a du mal à se faire des amis en raison d'une certaine difficulté à aller vers les autres. En groupe, quand il ne connaît pas bien ceux qui sont présents, il a plutôt tendance à s'isoler. C'est à ses parents ou à son frère aîné de le mettre en contact avec des amis de son âge quand il ne connaît personne dans un nouveau lieu de vacances. En fait, Maxime est un jeune garçon plutôt anxieux et sa mère pense qu'il l'a toujours été. Bébé, il a longtemps présenté des problèmes de sommeil. À l'entrée à la maternelle, il a manifesté pendant plusieurs mois des difficultés à se séparer de ses parents et reste toujours sensible aux séparations.

Julie montre une manière différente de penser. Elle cherche d'abord par elle-même ce dont elle a besoin ou ce qu'elle désire. Si elle n'y arrive pas, elle cherche ce qui pourrait néanmoins lui convenir à la place. Elle n'est ni plus ni moins intelligente que Maxime, mais elle fait incontestablement travailler son esprit avant d'avoir recours aux autres. Elle ne cherche pas à se décharger d'un problème qu'elle rencontre et s'amuse plutôt de ce qui pourrait apparaître comme une erreur de sa part. Elle ne généralise pas une difficulté qu'elle rencontre, ne dit jamais « Rien ne va ». Elle sait traiter un problème particulier et ne se préoccupe que s'il s'en présente un autre. Sa réputation d'être sociable et souriante séduit et favorise ses relations avec les enfants de son âge. C'est une enfant plutôt calme même si elle peut s'énerver d'avoir raté une tâche ou un devoir qu'elle n'arrive pas à faire ; mais elle montre une claire ténacité quand elle pense qu'elle peut y arriver. Elle aime réussir ce qu'elle entreprend et sait s'en donner les moyens. Si elle échoue, elle ne se décourage pas pour entreprendre autre chose.

L'éducation de Maxime est plus difficile que celle de Julie, mais ils ont chacun leur propre sensibilité et leur propre désir d'être heureux. Leurs manières de penser sont différentes. On peut craindre que Maxime soit plutôt pessimiste et que Julie soit parfois trop optimiste dans la vie. L'un et l'autre ont besoin d'approches différentes de la part de leurs parents ou des adultes, en particulier les enseignants, qui en ont la charge. En mesurant leur degré d'optimisme, on pourra plus facilement valoriser la tendance optimiste de Julie tout en lui permettant de ne pas l'être trop, au risque d'être déçue à un moment ou à un autre. On peut aussi travailler sur les pensées automatiques plutôt pessimistes de Maxime pour le rendre plus apte à se sentir satisfait de lui et des autres.

Chapitre 12

EXPLIQUER POSITIVEMENT LES CHOSES ET SAVOIR CRITIQUER

En écoutant les questions et les réponses de vos enfants, vous pouvez déjà apprécier la manière dont ils pensent et se représentent leur vie avec vous.

Le bon chemin pour éviter de le rendre pessimiste

Que l'on soit un enfant ou un adulte, nous connaissons maintenant les manières de penser qu'utilise une personnalité plutôt optimiste.

Il convient alors d'expliquer concrètement une situation ou un événement à un enfant plutôt pessimiste d'une manière qui lui apprendra, sans qu'il s'en rende vraiment compte, un mode de pensée plus optimiste.

La méthode est simple :

– être précis dans ses explications plutôt que compliqué ou avoir une explication qui généralise le problème ;

– l'explication doit être liée à la situation présente et non transformée en généralité ou en comportement habituel, même si cela est le cas.

On voit combien Maxime a une manière de penser propre aux personnes plutôt pessimistes : les demandes qu'il fait sont exigeantes à l'égard de sa mère comme s'il n'était jamais satisfait quel que soit le sujet abordé (la nourriture, le départ à l'école, sa relation avec sa sœur).

La mère de Maxime doit privilégier le mode d'explication correspondant aux deux conseils précédemment cités : prendre un sujet après un autre sans généraliser. Plutôt que de lui dire : « Rien ne va, tous les matins c'est la même chose », il serait préférable qu'elle lui dise simplement : « Ce matin, tu as faim, puis tu ne te souviens pas où tu as rangé ton cartable. »

Il est également recommandé de privilégier une explication qui rend la personne sensible au fait qu'elle est actrice de ses actes et de sa vie plutôt que l'inverse, comme si sa vie dépendait des autres.

La mère de Maxime doit également privilégier ce mode d'explication avec son fils. Elle a ici raison de lui dire sans agressivité : « Où l'as-tu posé ? » Elle peut même brièvement ajouter que son cartable lui appartient, que c'est lui qui y range ses affaires et l'emporte pour travailler à l'école.

Le bon chemin pour le critiquer

On a souvent l'envie de « crier » contre son enfant qui n'obéit pas, qui n'écoute pas, qui ne s'intéresse pas à ses devoirs, qui raconte des histoires pour échapper à une punition. Vous risquez si vous vous laissez trop aller à ces comportements de ne pas l'aider. Chacun sait que râler est souvent sans effet et pollue la vie. Il vaut mieux être ferme et sans concession sur ce qui est important pour vous dans l'éducation que faire des petits problèmes un drame. Il est encore mieux de transformer les petites choses qui vont bien en petites fêtes. L'optimisme sera alors présent pour tous.

Le même chemin que le précédent

Comme dans les relations avec les enseignants, les enfants acceptent mieux les parents qui les critiquent avec raison que ceux qui leur laissent tout faire ou les rabrouent trop souvent. Si la critique est toujours la même et généralisée, « Tu ne fais jamais attention à ce que tu fais », ce pessimisme sur ses capacités sera intériorisé. L'enfant se confortera dans le fait qu'il est ainsi et aura peu de motivation pour changer. En revanche, si son père ou sa mère lui fait une remarque précise du style : « Aujourd'hui, tu as mis ton tee-shirt à l'envers », il sera désireux ce jour-là de s'habiller correctement et saura qu'il évitera de se faire moquer de lui à l'école. Il se sentira alors capable de réparer une erreur ou une faute d'inattention et cela le rendra confiant sur ses capacités personnelles.

L'enfant comprend non seulement comment ses parents le critiquent mais il s'imprègne de leur manière de critiquer les autres, et lui en particulier. Si vous êtes facilement pessimiste, il apprendra à l'être également. Si vous le critiquez de manière précise et sur une situation donnée, il en fera progressivement de même et évitera la généralisation pessimiste du « tout va mal et tout le temps ».

De même, l'enfant pris en faute a tendance à attribuer l'erreur à l'autre, son frère ou sa sœur, son parent, etc. Ainsi, sans chercher à culpabiliser excessivement son enfant, il est bon qu'il apprenne peu à peu à reconnaître ses erreurs et à savoir se critiquer personnellement quand il en a fait une. Il apprendra ainsi qu'il peut réussir certaines choses et en rater d'autres sans pour autant ressentir qu'il n'est jamais celui qu'il faut. Trop d'adultes que j'ai rencontrés ont été élevés dans cet esprit de critique systématique sur ce qu'ils étaient ou faisaient, ils en gardent un profond manque de confiance en eux et un pessimisme sur ce qu'ils peuvent réussir et encore plus sur ce qu'ils sont. Savoir faire la différence entre ce qu'on réussit et ce qu'on rate est la meilleure manière de ne pas sombrer dans un pessimisme excessif. Exagérer les reproches et la culpabilité au-delà de ce qui est nécessaire n'incite pas l'enfant à changer. Mais le manque de critique, alors qu'elle est normale, altère le sens des responsabilités et empêche le désir de l'enfant de changer.

Laure, une petite fille de 4 ans, très active et énergique, voyant sa sœur et son frère débarrasser la table, veut en faire autant. Je crains qu'elle renverse le plateau où elle dépose son assiette, ses couverts et son verre. Je la laisse néanmoins s'engager dans cette « aventure ». Arrivée là où elle doit déposer son plateau, elle veut aller trop vite et fait tomber son verre par terre. Je la sens toute malheureuse et honteuse de cette histoire. Je lui dis que cela arrive surtout à son âge où on peut parfois ne pas encore bien maîtriser ses gestes. Quelques semaines plus tard, la même scène se reproduit. Je lui demande alors si elle pense qu'elle va y arriver, elle hésite et me demande de l'accompagner. Elle est alors plus rassurée et réussit à déposer correctement le plateau identique à celui de quelques semaines auparavant. Je la sens alors fière de ses nouvelles « compétences » et optimiste. Laure a probablement su s'attribuer l'erreur qu'elle avait commise sans être bloquée sur le fait qu'elle pouvait y arriver mais différemment, ici, en se faisant accompagner.

Être juste et authentique

L'autre bon chemin pour critiquer un enfant, sans le décourager et le rendre pessimiste sur ses capacités, doit prendre en compte qu'un enfant, et peut-être encore plus un adolescent, est particulièrement sensible à la justice et à l'authenticité des adultes dans leurs actes ou dans leurs paroles. Un enfant pourra dire pour éviter un reproche : « C'est pas juste », cherchant à attribuer la faute ou l'erreur à un autre. Mais l'adulte doit se faire sa propre opinion et être juste dans son jugement de ce qui s'est passé. S'il ne peut pas se faire une opinion, il doit le dire et traiter de manière égale ceux qui sont en cause.

Victor, un garçon de 8 ans me raconte que son groupe d'amis qu'il s'est fait en vacances s'est scindé en deux sous-groupes rivaux.

Je lui demande : « Quel groupe as-tu choisi ? »

Il me répond : « Maintenant, je suis neutre. »

Je lui demande : « Tu sais ce que ça veut dire, être neutre ? »

Il me répond : « Non. »

Je lui dis alors que, de mon point de vue, il y a trois façons d'être neutre : en ne s'occupant plus de leur problème, en devenant un arbitre comme en sport où dans un match, qui permet que les règles du jeu soient respectées entre deux équipes qui veulent gagner, et enfin la dernière façon qui est de ne pas prendre parti tant qu'il ne le souhaite pas.

J'ajoute : « Laquelle de ces façons de faire as-tu choisi ? »

Victor me répond alors clairement et spontanément : « La troisième. »

Je sens alors Victor satisfait très authentiquement de sa réponse : elle lui paraît la meilleure et sûrement pour lui la plus juste aussi.

Je verrai Victor le soir même, avant le dîner, rejoindre ses amis de vacances, confiant sur son attitude et optimiste me semble-t-il sur sa décision de rester neutre, sans pour autant se sentir rejeté ou s'exclure lui-même de ce groupe d'amis de jeux de vacances.

Je cite cet exemple pour montrer qu'un adulte peut parfois ne pas savoir être aussi authentique et juste que Victor, qui nous montre explicitement ce que tout enfant souhaite implicitement.

Il n'existe pas de méthode toute faite, ni de famille parfaite pour élever des enfants. J'ai simplement voulu ici transmettre mon expérience sur ce qu'ils vivent intérieurement. Les enfants écoutent, entendent, se représentent les personnes proches qui les entourent avec beaucoup plus de richesse et de nuances qu'ils ne le disent ou même le montrent. Aux adultes donc de rester attentifs sans être projectifs, c'est-à-dire sans leur attribuer trop de points de vue formels ou trop personnels.

QUATRIÈME PARTIE

ENSEIGNANTS ET PARENTS : MÊME COMBAT

Encourager l'enfant à explorer de nouvelles connaissances, lui faire confiance sur ses capacités et le motiver ne devraient-ils pas être les moteurs de toute méthode pédagogique ?

De nombreux parents mais aussi enseignants se plaignent que le système scolaire français a pris beaucoup de retard, par rapport à d'autres pays dans l'adaptation aux évolutions du monde contemporain. L'apprentissage de l'informatique, dans les petites classes, en est un exemple frappant. Tout reste encore à faire pour sensibiliser, former à la programmation et aux jeux informatiques, « ce latin du XXIe siècle[1] ». De telles initiations existent déjà depuis au moins une décennie aux États-Unis et en Grande-Bretagne.

De même, dans plusieurs pays et parfois les plus proches de nous, l'orientation et l'engagement dans des études courtes et un apprentissage professionnel n'a rien de déshonorant. Les enseignants seraient prêts à les recommander à de nombreux élèves, mais ils sont pris entre le traditionalisme et le peu de valorisation accordé à ces filières par leurs tutelles, en dépit des discours officiels, et freinés par l'angoisse des parents.

De leur côté, les enseignants se plaignent de la croissance des incivilités non pas tant des enfants que de certains parents à leur égard. Auteur d'une vaste enquête sur les relations parents-enseignants, Georges Fotinos indique que sept enseignants sur dix déclareraient avoir eu plusieurs différends avec les parents durant l'année. Or, incontestablement, il faut favoriser le lien entre l'école et les familles comme le préconise un récent rapport. Mais sera-t-il efficacement suivi ? Vouloir des enfants optimistes et heureux en faisant en sorte que parents et enseignants partagent les mêmes méthodes pour y parvenir est aussi un des buts de ce livre.

Chapitre 13

OPTIMISTE ET HEUREUX D'ALLER À L'ÉCOLE, EST-CE POSSIBLE ?

Selon le rapport du Centre d'analyse stratégique 2013, les Français ont été les plus gros consommateurs de soutien scolaire en Europe. Cependant, cette « éducation de l'ombre » ne profite pas forcément à ceux qui en ont le plus besoin.

On sait que développer l'intérêt des enfants pour l'école dès l'entrée en primaire permettra à chacun de vivre les années futures, avec leur lot d'angoisse bien compréhensible, plus aisément. La meilleure preuve en est que le soutien scolaire, proposé par des organismes privés, d'abord réservé aux élèves de première ou de terminale, se développe dorénavant à partir du cours préparatoire ! L'objectif, selon ces organismes, n'est pas de faire de ces enfants des petits génies mais de gagner en aisance dans le repérage des lettres, des sons et des chiffres. Notons également que les « cahiers de vacances », cette spécialité franco-française, sont devenus un véritable phénomène de librairie avec plus de 4 millions d'exemplaires écoulés en 2013. Ces différentes stratégies pour améliorer la scolarité de l'enfant rencontrent un écho auprès des familles qui, dans un contexte de crise économique et de chômage et un mélange d'inquiétude et de course à la réussite, ressentent de plus en plus fortement les exigences croissantes de l'école.

« Pourquoi n'aimes-tu pas l'école ? »

De nombreux parents s'interrogent sur le goût de leur enfant pour l'école. Ils voudraient mieux comprendre pourquoi il donne le sentiment, momentané ou plus durable, de ne pas aimer l'école. Est-ce le fait d'apprendre, la peur de la note, la contrainte d'une certaine discipline, le souvenir d'une mauvaise rencontre avec un enseignant, leurs propres difficultés à être compétents ou disponibles pour aider leur enfant, etc. ? Ils s'interrogent d'autant plus lorsque, dans une fratrie, l'un réussit bien et ne pose pas de problème alors que l'autre rencontre des difficultés.

La scolarité, la manière de vivre l'école, joue un rôle, encore plus important qu'on ne le croit, dans la confiance, l'estime et l'optimisme d'un enfant. Comme dans tout développement humain, des cercles « vertueux » ou au contraire « vicieux » peuvent rapidement s'installer. Un enfant au caractère plutôt optimiste appréhendera avec moins d'anxiété l'école ; son énergie, son engagement et sa ténacité le conduiront vers de bons résultats qui renforceront son optimisme et sa confiance en lui. À l'inverse, un enfant de caractère plutôt pessimiste aura plus d'appréhension et sera plus critique à l'égard de ce que représente l'école pour lui. Il sera plus inquiet de s'y rendre, les résultats qu'il risque d'obtenir l'amèneront à risquer de moins bien réussir, renforçant alors son pessimisme.

Ça commence mal : de l'éducation subie au plaisir d'apprendre

J'ai fréquemment entendu des parents venus consulter pour les difficultés scolaires de leur enfant me dire : « Il n'aime pas l'école… Ça a commencé tôt… Il n'a jamais été "scolaire". Petit, il était dyslexique, etc. »

Après ces constats, les explications arrivent : « Petit, il n'a pas eu un bon enseignant… Ça s'est bien passé quand il a bien accroché avec un maître ou une maîtresse quand il était en… Il n'a jamais voulu travailler à la maison… Il n'a jamais su travailler tout en passant de classe en classe mais maintenant il doit travailler… Il a toujours rêvé, etc. » Il est incontestablement nécessaire de lutter contre la tendance qui consiste à associer erreur et échec.

Ce qui me paraît important dans ces plaintes bien compréhensibles est que les parents, tout en considérant que, dès l'entrée à l'école, des difficultés ont débuté, ne les font généralement pas remonter à l'école maternelle mais plutôt au cours de l'école élémentaire et parfois au CP. Cette observation m'a amené à penser que quelque chose se produisait au cours de l'école élémentaire, une sorte de déséquilibre qui apparaissait entre plaisir et obligation d'apprendre. En effet, au cours des classes maternelles, les équipes enseignantes cherchent à stimuler l'enfant afin qu'il acquière des compétences d'organisation, de mémorisation, de création, de participation au groupe tout en prenant du plaisir dans l'acquisition de ses compétences. Il en va différemment quand l'enfant doit savoir lire, écrire et compter à la fin de l'année, sans que la dimension du plaisir qu'il peut y trouver soit suffisamment prise en compte. J'ai pourtant rencontré des enfants qui prenaient du plaisir à lire, à écrire et à compter. Ce qui est vrai pour les enfants l'est tout autant dans la vie. La meilleure preuve en est qu'un peu plus âgés, les enfants et encore plus les adolescents seront tout à fait capables de distinguer les enseignants qui leur communiquent ce plaisir d'apprendre de ceux qui ne le font pas. À ce niveau, les parents sont aussi concernés. Aider un enfant à lire une histoire qui l'amuse, même si au début sa lecture est très hachée, est préférable à lui faire lire une histoire moins attrayante à laquelle il a du mal à s'intéresser. On comprend facilement que dans cette dernière situation, il ne soit pas très optimiste sur son goût pour la lecture.

Le plaisir d'apprendre est aujourd'hui facilité par les nombreuses « applications » que l'on peut désormais trouver sur Internet, associant apprentissage et jeu. J'en donnerai deux exemples parmi beaucoup d'autres.

• Pour les plus petits, il existe une « application » qui les aide à retenir les noms des animaux. Chaque animal est découpé en trois parties (la tête, le tronc et les pattes) et chaque partie est associée à une syllabe de son nom. L'application mélange ensuite différents éléments pour créer des spécimens improbables. À l'enfant de jouer alors à réorganiser les vignettes pour reconstituer un animal qui existe vraiment. L'apprentissage est ludique, grâce aux 48 animations loufoques qui rythment les transformations[1].

• Pour un enfant, scolarisé en primaire, qui a des lacunes en français, l'application « Prof. Phifix » l'aide à se remettre à niveau tout en s'amusant. Ici, point de cours magistraux, mais à la place, des petits jeux de lettres présentés par des personnages semblant tout droit sortis d'un dessin animé. Pour débloquer les différents niveaux, votre enfant va devoir travailler sa grammaire, son orthographe, son vocabulaire et ses conjugaisons. À vous ensuite, parents, de juger des résultats grâce aux statistiques enregistrées par l'application[2].

On pourrait citer, pour des plus grands ou les adolescents, plusieurs applications pour apprendre les langues étrangères, les mathématiques, les sciences de la vie, qui associent aspects scolaires et ludiques. On connaît également aujourd'hui le développement des MOOC (Massive Open Online Course), cours en ligne ouverts à tous, associant apprentissage et numérique, diffusant des cours interactifs en vidéo par Internet. Jean-Marc Tassetto, l'ancien patron de Google France, a lancé sa propre start-up qui propose des cours en ligne, ludiques, destinés à la formation continue : « Nous essayons de rendre les contenus ludiques et de personnaliser l'expérience : pour chaque utilisateur, nous repartons de ses acquis[3]. » Ces différentes expériences amènent même certains intellectuels, comme Edgar Morin, à se poser la question : « Si Internet remet en question le monopole de l'école sur le savoir, celle-ci a-t-elle toujours une raison d'être[4] ? » Pour ce chercheur, enseignant, sociologue, la scolarité doit rimer avec l'apprentissage de la vie, au sens noble du terme. Il invite les lecteurs à prendre leurs responsabilités : à quels enfants souhaitons-nous laisser le monde ? Ce qu'il désigne sous le terme d'« éros pédagogique », c'est-à-dire l'amour d'apprendre et celui d'enseigner, devrait trouver une plus grande résonance dans ce qui relève du sensible et fait partie intégrante de la vie : la danse, le cinéma, l'art.

Les facilités et les difficultés de chaque enfant

Une des principales difficultés pour développer l'intérêt de l'enfant d'aller à l'école et d'y trouver du plaisir est de prendre en compte que chaque enfant, à un âge donné, diffère d'un autre enfant par ses goûts, ses compétences et sa motivation. Ici, le degré d'optimisme ou de pessimisme joue un rôle prépondérant. Quelles que soient les difficultés qu'un enfant peut rencontrer, il les affrontera différemment selon un caractère déjà orienté dans un sens ou dans un autre. Probablement, le plus important est de reconnaître et d'identifier la difficulté qui le concerne. J'ai eu l'occasion de rencontrer à plusieurs reprises des enfants qui présentaient des difficultés d'audition ou de vision qui n'avaient jamais été explorées ou reconnues. J'ai rencontré aussi des enfants plus âgés présentant des difficultés en français qui avaient été gênés au début de leur scolarité par une dyslexie insuffisamment prise en charge. J'en ai rencontré également qui avaient de réels problèmes de concentration et pour lesquels il n'est pas aisé de distinguer une distraction banale et courante d'un problème plus personnel pouvant aller jusqu'au « trouble déficitaire de l'attention avec hyperactivité » (TDA/H). J'ai rencontré enfin des enfants qui étaient incontestablement plus « doués » dans un domaine que dans un autre et pour lesquels il était préférable d'insister sur leur réussite et leurs facilités dans tel domaine plutôt que sur leurs difficultés dans tel autre. C'est grâce à cette mise en valeur des atouts qu'on ne rentre pas dans le cercle « vicieux » évoqué précédemment, qui fait qu'un enfant risque d'aimer de moins en moins l'école et de perdre confiance en lui, au point de devenir pessimiste sur tout ce qu'il entreprend.

Le rôle des émotions

Il est important de ne pas négliger le rôle de l'émotivité et l'émergence plus ou moins facile d'émotions, propres à chaque enfant. Il y a des enfants plus sensibles que d'autres, des enfants plus anxieux que d'autres comme il y a des enfants plus optimistes ou plus pessimistes. Ces différences existent dès l'entrée à l'école et ne s'estompent pas au long du parcours scolaire.

Une des principales raisons évoquées de ne pas aimer l'école par les enfants est liée à leur difficulté à se séparer du cocon familial, à découvrir un milieu inconnu, l'école, synonyme d'une forme de confrontation avec l'imprévu. Souvent timides et anxieux, ces enfants ne perçoivent pas ce qui peut faire l'intérêt de l'école, la sociabilité qu'elle suppose : rencontrer des adultes et d'autres enfants, apprendre à vivre et à communiquer avec eux, partager le goût d'une certaine compétition. Ils se sentent mal à l'idée de parler devant les autres, d'exprimer leur point de vue ; répondre sans trop d'appréhension aux questions qui leur sont posées est un véritable défi. Ils peuvent en souffrir d'autant plus qu'ils savent ce qu'il faut répondre mais leur inhibition est si forte qu'elle les en empêche. Cette situation se présente non seulement en classe pendant les cours mais aussi au moment des récréations, des sorties programmées ou au cours de voyages dont ils ne profitent pas bien.

Ce n'est pas l'école qu'ils n'aiment pas, ce n'est pas non plus la scolarité, mais la crainte d'un contexte qu'ils ne maîtrisent pas par rapport à la sécurité que représente la maison.

Le plaisir et la joie sont bien des émotions importantes qui devraient accompagner le plus souvent possible les situations d'apprentissage scolaire trop souvent sources d'angoisse ou de peur.

Le rôle des camarades et des amis

Quel parent n'a pas entendu son enfant dire : « Lui ou elle, c'est pas mon copain ou ma copine » ou au contraire : « Lui ou elle, c'est mon copain ou ma copine ». Beaucoup d'enfants expriment plus ou moins directement la place importante, dans leur vie, des amis qu'ils se font ou des camarades qu'ils détestent à l'école.

Une enquête menée auprès d'enfants de CE1 et CM2[5] à qui on a demandé de faire la liste de « trois bons amis à l'école » mentionnent d'abord des éléments bien connus : à cet âge, les groupes amis sont généralement de même sexe et l'origine sociale est un principe de rapprochement. Plus tard, les choses évoluent, d'abord le rapprochement avec des élèves de sexe différent mais aussi une liberté plus grande par rapport aux références sociales. En revanche, lorsqu'il s'agit d'expliquer les inimitiés, les justifications imbriquent jugement scolaire et aspect plus « domestique ». À la question « Qu'est-ce que tu n'aimes pas chez lui ou chez elle ? », garçons et filles de cet âge répondent volontiers : « Il (ou elle) n'est pas intelligent(e), il (ou elle) n'a pas de bonnes notes. » Le jugement scolaire ou la note légitime l'inimitié.

De même dans cette enquête, une place centrale est donnée aux aspects physiques : le propre et le sale, le beau et le moche, la tenue.

Plus l'enfant avance en âge, plus ces aspects prennent de l'importance. Les amitiés se construisent, les inimitiés aussi. Et cela compte pour beaucoup dans l'intérêt ou le désir d'aller à l'école. Les liens qui se sont établis peuvent être la source de changement mais aussi de déception, de conflit et même, parfois, de demande de changement d'établissement.

Le changement d'établissement scolaire peut être profitable à certains enfants ; d'autres, en raison des relations qu'ils y ont établies, en souffrent.

On peut aussi constater combien un enfant qui est isolé montre dans le contexte scolaire sa difficulté à établir des relations sociales. « Personne ne m'aime », « Ils me trouvent tous stupide », dira-t-il. Leurs parents ont beau leur dire qu'ils sont certains qu'il y a beaucoup d'élèves qui l'aiment, rien n'y change. On peut découvrir alors que ces sentiments pessimistes sur les relations à l'école résultent soit d'un fait anecdotique comme ne pas avoir été invité à un anniversaire, soit d'un événement « traumatique » beaucoup plus grave, harcèlement ou racket, soit se sont installés de façon beaucoup plus profonde et témoignent d'un malaise plus général.

Il me paraît donc important de ne pas négliger l'aspect social dans l'intérêt qu'un enfant a d'aller ou non à l'école. L'aider à être plus « populaire » constitue un déterminant important pour le rendre plus heureux, pour lui faciliter l'envie d'aller à l'école et même avoir de meilleurs résultats. Une fois de plus, « le développement social est le berceau du développement intellectuel[6] ».

Le rôle des enseignants

Le rôle des enseignants est fondamental dans l'intérêt ou le rejet que suscite l'école. Chacun se souvient d'un ou des enseignants qui ont compté, qui ont peut-être suscité une vocation, mais aussi de celui ou de ceux qu'on a détestés. Au-delà des raisons propres à chacun, certaines attitudes générales méritent d'être recommandées aux enseignants pour faire en sorte que les élèves apprécient l'école.

Les enseignants, qui souhaitent que les enfants ou les adolescents dont ils s'occupent soient suffisamment heureux de les rencontrer et en gardent un bon souvenir, savent qu'il est important d'éveiller leur intérêt pour qu'ils aient envie d'aller en classe. Au-delà de l'intérêt intellectuel, trois facteurs humains entrent en jeu : le désir d'être avec les autres élèves de la classe, de travailler dans une atmosphère tranquille pour pouvoir écouter ce que dit l'enseignant et d'avoir avec lui une relation de confiance et de respect. En partant le matin à l'école, ils se sentiront alors suffisamment optimistes pour y passer la journée sans appréhension.

• Être en classe avec d'autres élargit l'horizon social, un facteur d'optimisme comme cela a bien été démontré. L'enseignant peut avoir ici un rôle favorable. Si le rôle des enseignants, confrontés à un groupe et non pas à un seul élève, est de prendre en compte le mieux possible tous les enfants avec leurs différences, les méthodes d'apprentissage sont depuis longtemps sources de recherches et de débats. Vaut-il mieux travailler en petits groupes, c'est-à-dire avec les plus en difficulté, ou au contraire avec les plus doués plutôt qu'en groupe-classe avec l'ensemble des élèves ?

Sur ce point, une étude montre que, grâce à une méthode « groupe-classe » d'enseignement pratiquée en Chine qui souhaite intéresser tous les enfants d'une classe de primaire plutôt que d'enseigner pour un sous-groupe (les plus scolaires ou les plus en difficulté) comme cela se pratique en Angleterre, les enfants chinois sont de meilleurs élèves que les petits Anglais de même âge[7]. Contrairement à ce qui a été dit, avoir le souci principal du groupe dans son ensemble, de sa cohésion, et du fait qu'il avance au même rythme, devrait être selon cette étude une préoccupation majeure, avant de s'intéresser aux enfants selon qu'ils ont des facilités ou des difficultés. Cette attention aux particularités des élèves ou d'un sous-groupe d'élèves dans une même classe devrait rester secondaire par rapport à l'intérêt pour le groupe-classe. C'est l'objectif d'une même scolarité pour tous les élèves d'une classe telle qu'elle se présente qui devrait être recherché. Cela suppose d'assumer le fait d'avoir des classes de niveau différent, afin que chaque élève, quelles que soient ses possibilités, puisse recevoir la meilleure attention possible et un meilleur esprit communautaire. Deux facteurs luttant contre les sentiments pessimistes d'échec ou d'isolement.

Pour que l'enfant ait de l'intérêt à aller en classe, il doit écouter ce que l'enseignant lui apporte. Comment alors pour ce dernier ne pas passer trop de temps à faire de la discipline ? Que penser alors du constat, fait par les deux tiers des enseignants, qu'un des problèmes majeurs de leur activité est de faire face, et d'accepter comme tâche récurrente de leur activité, qu'une heure par jour en moyenne soit consacrée à maintenir l'attention des élèves et à faire respecter la discipline ? Les bavardages, les bourdonnements, les cris, les balancements sur la chaise, les envois d'avions en papier, l'utilisation des téléphones sont courants dans les classes. On considère que ces comportements d'indiscipline qui nécessitent d'être recadrés seraient équivalents à 38 jours d'enseignement chaque année. Les problèmes les plus importants sont observés au cours des études secondaires, en particulier au collège et semblent augmenter depuis plusieurs années. Le respect de la discipline dans une classe constitue un prérequis indispensable à tout enseignement. Chacun le sait. Il vaut mieux des temps de détente plus réguliers ou plus longs que des temps de dissipation trop fréquents. Si les enseignants doivent veiller à ne pas avoir un impact négatif involontaire par leurs remarques ou leurs paroles, qui peuvent parfois conduire un enfant à ne pas aimer l'école, ils ne doivent pas pour autant baisser les bras devant le manque de respect et l'indiscipline. Ni se laisser aller à une trop grande familiarité. Aucun message ne peut être entendu si celui-ci est perturbé par l'environnement ou encore plus s'il est la source de cette perturbation. Il ne s'agit pas ici de faire preuve d'autoritarisme inadéquat, c'est-à-dire strictement et continuellement autoritaire, mais d'exercer une autorité plus charismatique, celle qui suscite de l'intérêt et du respect. Faire preuve d'attention et même manifester une certaine amitié à l'égard de ses élèves ne doit, bien sûr, pas aller jusqu'à une confusion des rôles et des fonctions.

• Enfin, la question de la discipline soulève le point délicat de la bonne distance à établir entre « le maître et l'élève ». Un jour, une journaliste m'interviewait sur le thème : « Qu'est-ce qu'un enfant équilibré ? » Cette question intéresse tous les parents et aussi les enseignants. Je lui ai répondu que je ne savais pas ce qu'est un enfant équilibré mais que je connais des enfants qui ne le sont pas suffisamment. La bonne distance entre un enseignant et un élève peut susciter la même réponse. Il n'y a pas une bonne distance, mais on sait combien une trop grande proximité ou une trop grande distance peut être problématique dans la relation enseignant-élève. On sait aussi que cette distance n'est pas fixée une fois pour toutes et qu'elle peut varier dans le temps, mais aussi selon chaque enseignant à condition toujours d'éviter les risques de dérapage.

Une majorité d'enseignants regrettent de ne pas être suffisamment formés à la psychologie de l'enfant et de l'adolescent. Il ne s'agit pas d'en faire le centre de la formation des enseignants. Ils se sentent déjà peu guidés sur les modalités pédagogiques et l'équilibre à trouver entre l'enseignement classique des connaissances et celui de nouveaux domaines devenus nécessaires, comme les langues étrangères ou l'informatique. Mais qui peut penser que les aspects humains d'une rencontre entre un maître et un élève ne sont pas également fondamentaux pour que, tout simplement, le matin en partant à l'école, chacun des deux soit suffisamment optimiste pour aborder sa journée ?

Comment en finir avec la peur d'être noté

La peur d'être noté et de rapporter son carnet de notes à la maison affecte depuis des décennies la majorité des enfants. Comment briser les effets inhibants de cette évaluation sans tomber dans le laxisme ? Les jeunes Français semblent être ceux que rebute le plus l'erreur et qui s'abstiennent de répondre par peur de faire une faute. Mais, ironie du sort, c'est pour avoir une meilleure note aux tests Pisa que la France va repenser sa manière de noter. Chassez le naturel, il revient au galop. Toute réforme proposant une mise en question de la notation à l'école est difficile à mettre en œuvre. Il existe néanmoins des solutions pour atténuer la tendance des élèves français à être inhibés ou obsédés par la notation et le classement et cela, dès la primaire. On pourrait déjà supprimer le caractère public de la note. Qui n'a pas le souvenir de ces minutes inquiétantes où le professeur, rendant les copies par ordre décroissant d'excellence, annonce à haute voix le résultat obtenu par chacune en l'accompagnant d'un commentaire parfois humiliant pour celui ou celle qui est en dessous de la moyenne ? Dans d'autres pays, la note est considérée comme une affaire qui ne concerne que le professeur et le principal intéressé, afin que ce dernier sache où il en est, s'il est en progrès ou non ou s'il sera admis dans le niveau suivant. Il existe également des expériences, par exemple en Australie, où il est démontré que l'évaluation qui accompagne l'acquisition des connaissances est au moins aussi efficace, voire davantage que celle qui vérifie que les connaissances sont acquises. Cela veut dire que toutes les notes n'ont pas la même importance et que les « galops d'essai » ou les « épreuves à blanc » n'entrent pas dans la moyenne générale. Seul un vrai contrôle des connaissances compte[8].

Comment aider l'enfant à croire en lui

Dans l'esprit et le système éducatif français, qu'il s'agisse des parents et bien évidemment des enseignants, la peur de l'ignorance et de l'erreur est un passage obligé pour parvenir au savoir. Comme j'ai pu le constater, cela engendre des dégâts monumentaux sur la confiance en soi de nombreux enfants, adolescents et même d'adultes. Il faut réintroduire, en classe, de la compréhension et de la bienveillance. L'enfant a besoin de croire en lui, en ses capacités, même s'il ne les possède pas toutes. C'est aussi une nécessité indispensable pour qu'il ait le désir d'apprendre et pour que l'école ne soit pas pour lui une menace ou un repoussoir. Ce souci permet d'améliorer, si ce n'est de réellement favoriser la confiance de l'enfant en soi, en sa personnalité, en ce qu'il est. J'ai déjà évoqué les liens entre la confiance en soi et l'optimisme chez l'enfant et cela vaut même au-delà de l'enfance, pour tous les âges de la vie.

Ne surtout pas oublier les activités extrascolaires

Les activités extrascolaires n'ont pas pour seule fonction l'occupation ou la détente. Elles complètent parfaitement les activités scolaires à condition qu'elles laissent à l'enfant le temps de respirer ! Ces activités extrascolaires constituent aussi les fondamentaux de l'optimisme que nous venons de parcourir.

Qu'il s'agisse d'une activité sportive, artistique comme la musique ou la peinture ou encore sociale comme le scoutisme ou équivalent, les activités extrascolaires sont un complément et forment un équilibre par rapport à l'acquisition de savoir plus purement intellectuel.

Beaucoup de parents souhaitent offrir à leurs enfants une activité qui les occupe, leur évite de tomber dans les affres du « je m'ennuie », et qui leur donnera l'occasion de développer une qualité particulière, ludique, tout en demandant *un effort* d'apprentissage autre que scolaire. Mais quelle activité leur conviendra le mieux ?, se demandent les parents. La plupart des enfants jouent et exercent leur motricité de manière variée : courir, grimper, sauter. Certains prolongeront dans leur vie d'adulte l'investigation enfantine, parfois dans une pratique de haut niveau, ou dans une visée de plaisir, de bien-être.

Qu'est-ce qui fait qu'une fille ou un garçon préférera faire du sport, de la musique, de la peinture ou du chant ? Car il ne s'agit pas d'imposer une activité extrascolaire mais plutôt de prendre en compte plusieurs facteurs.

Les horaires, la proximité géographique, la facilité de transport ou d'accompagnement, le goût spontané exprimé par l'enfant, souvent en rapport avec le goût ou le choix de son ou sa meilleur(e) ami(e), qu'il peut alors retrouver sur un mode plus ludique qu'à l'école, sont des déterminants forts et des supports à l'optimisme pour entreprendre une activité quelle qu'elle soit, s'y accrocher et la poursuivre. Mais il existe aussi d'autres facteurs pour que l'enfant soit heureux, motivé et le reste.

• Un premier facteur repose sur ce qu'on appelle la logique du modèle ou l'identification. L'enfant prend volontiers comme modèle l'un ou ses deux parents, un autre adulte ou un ami ou encore un groupe de son âge. Les parents aiment proposer à leur enfant ce qui les a eux-mêmes stimulés et parfois passionnés. Certains s'y conformeront avec plaisir, d'autres s'y opposeront plus ou moins passivement. L'enfant n'a pas forcément les mêmes dons ou les mêmes goûts qu'un de ses parents. L'important est qu'il se situe dans cette identification qui l'encouragera à faire des efforts, à s'engager et à réussir. Il deviendra alors son propre modèle. J'ai rencontré des parents devenus adultes passionnés de voile. Ils y consacraient tous leurs loisirs. Leur fille, dès l'âge de 6 ans, sembla adorer cette activité. Le garçon, parvenu au même âge qu'elle, montra beaucoup moins d'intérêt. Quelques années plus tard, la fille participa à des compétitions et le garçon découvrit le plaisir du *windsurf* où il devint excellent par rapport aux enfants du même âge.

• Un second facteur à prendre en compte pour que l'enfant soit heureux, motivé et le reste dans une activité extrascolaire est le déclic. Il suffit souvent d'un premier essai réussi, surtout par rapport aux autres, dans un domaine quel qu'il soit. Premiers coups de pied dans un ballon ou premier panier au basket, première peinture ou premier dessin, premiers morceaux de piano ou de batterie, premiers pas de danse réussis constituent un déclic qui suscite l'envie de poursuivre. L'enfant le ressent ; à l'adulte de permettre que ce déclic puisse avoir des suites.

Toute activité extrascolaire, à condition qu'elle ne devienne pas une fuite de l'école, favorise l'apprentissage plus « académique ». Je prendrai comme exemple la musique. Platon écrivait : « La musique donne une âme à nos cœurs et des ailes à la pensée. » Si la musique adoucit les mœurs, elle est aussi un puissant « stimulant » cognitif et cérébral. Le cerveau peut sécréter des neuromédiateurs (sérotonine, dopamine) à l'écoute d'un morceau de musique agréable[9], encore plus s'il est joué par l'enfant ou l'adolescent. Il faut laisser aussi l'enfant trouver ce qui lui plaira. Rappelons qu'avec les enfants présentant des difficultés de développement, même parfois très sérieuses, les éducateurs, psychologues ou psychomotriciens utilisent depuis plusieurs décennies ce qu'on appelle la « musicothérapie ». La musique et le chant ont été des moyens de tout temps pour créer, à tous les âges, des liens humains.

Chapitre 14

L'OPTIMISME EN CLASSE

Est-il excessif ou déplacé de souhaiter que puisse circuler en classe un vent d'optimisme ? Quel enseignant n'a pas eu la tentation de dire un jour à sa classe ou à un élève en particulier que cette année il a « une classe de nuls » ? Quel enseignant n'a pas rêvé que sa classe fonctionne dans un bon état d'esprit, que les enfants soient motivés et manifestent de l'optimisme sur ce qu'ils ont à apprendre ?

La prise en compte de l'estime de soi, du rôle des émotions dans l'apprentissage, de la créativité et du bien-être à l'école intéresse de plus en plus d'enseignants. Beaucoup d'entre eux seraient prêts aujourd'hui à accorder une place particulière, en complément de l'acquisition des connaissances, au bien-être dans la classe et à l'éducation psychosociale[1]. Ils demandent simplement à être mieux formés à ces approches et reconnaissent que cela pourrait diminuer le désintérêt ou la violence à l'école. L'Association française de promotion de la santé dans l'environnement scolaire et universitaire se consacre depuis plusieurs années à communiquer sur le « mieux vivre à l'école », le stress scolaire, l'importance du milieu scolaire, etc.[2]. Liée à la précédente, il existe aussi une association créée en 2013, Collectif École changer de cap, qui retient treize propositions, présentées lors d'un colloque « Éducation et humanisation. L'école à l'ère planétaire », à l'Unesco à Paris, le 2 octobre 2013. Ces propositions sont les suivantes :

1. Repenser les conditions de formation des enseignants.
2. Officialiser le travail en équipe.
3. Intégrer de la maternelle à l'université les apports de l'éducation psychosociale.
4. Repenser l'autorité.
5. Assurer la formation à la gestion non violente des conflits.
6. Généraliser les apprentissages de base par cycles de maturation.
7. Éduquer au sens de la complexité et à l'esprit de la science.
8. Conférer un statut positif à l'erreur.
9. Transformer les modes d'évaluation.
10. Apprendre à apprendre.
11. Apprendre à échanger.
12. Éduquer à l'interculturalité.
13. Apprendre à philosopher.

Encourager, une motivation à apprendre

Les aider à se fixer des buts précis

Plusieurs travaux ont montré qu'il était utile d'encourager les échanges avec les élèves, une fois de temps en temps ou à un rythme que chaque enseignant peut déterminer sur les programmes, les objectifs à atteindre et les moyens de les atteindre[3]. Cela accroît le sentiment de participer, le soutien et la représentation concrète d'un espoir en ce que l'on va réaliser en classe. Cela permet aussi d'éviter deux écueils : le sentiment que l'élève a de subir ce qui lui est demandé et d'être seul face aux problèmes ou aux efforts à fournir. Chaque élève peut se fixer, selon son niveau, ses propres objectifs tout en participant à l'objectif général de la classe. Il faut aussi éviter, car cela paraît tout à fait contre-productif, un but vague du style « travailler plus » ou « faire des efforts » ou le fameux « mieux faire ». Il est nettement préférable d'avoir des objectifs concrets comme « travailler une heure chaque jour en préparation de la future interrogation en biologie ». J'ai souvent entendu des enfants ou des adolescents dont les parents se plaignaient du manque de travail scolaire dire : « À partir de la semaine prochaine, je vais travailler. » Je me suis moi-même laissé prendre tout un temps à ce « beau » discours. Il ne s'agissait pas tant d'enfants qui fuyaient le problème que d'élèves qui désiraient mieux réussir mais ne savaient pas comment s'y prendre pour atteindre cet objectif général et trop ambitieux. Il est donc préférable pour un enseignant de définir un objectif qu'il perçoit comme réaliste et réalisable et une méthodologie pour y parvenir.

Il est aussi préférable que l'enseignant aide ses élèves en les stimulant à découvrir les buts qu'ils peuvent poursuivre plutôt qu'en les fixant pour eux. Il peut les conseiller, les guider, les orienter mais les laisser le plus possible acteurs de leur projet. C'est en se réappropriant leur parcours que les élèves pourront d'autant plus s'y investir.

Féliciter et remercier l'enfant

L'enfant n'est pas dupe de ce qu'il réussit et des matières où il échoue. Il serait contre-productif de le pousser à penser qu'il est globalement un mauvais élève alors qu'il n'est simplement pas un élève parfait. Je n'ai jamais rencontré d'enfant qui n'était intéressé par rien et ne pouvait réussir dans aucun domaine. La difficulté réside dans le fait que parents, enseignants et l'enfant lui-même identifient ce domaine de compétence. Pour y parvenir, il est par exemple utile de rappeler ce qu'il a déjà réussi, comment il y est parvenu, comment il en a retiré une satisfaction et comment l'entourage, y compris l'enseignant, en a été satisfait. Il est bon aussi d'exprimer son étonnement et sa surprise face à une réussite inattendue. Face à une classe, il ne s'agit pas de mettre en valeur les élèves qui réussissent mais plutôt de créer une atmosphère dans laquelle chaque élève se sentira plus concerné pour faire des efforts et maîtriser ses difficultés et n'aura pas comme seul but d'obtenir de bons résultats.

À l'école, il faut savoir aussi critiquer les enfants

Cette attitude, nourrie de positif, ne doit pas pour autant passer sous silence les difficultés, les erreurs ou les insuffisances des élèves. Il s'agit aussi de savoir formuler des critiques, sur un point précis, adaptées à la situation, non pas pour juger l'enfant mais pour lui apprendre à progresser. Les enfants, et peut-être encore plus les adolescents, sont particulièrement sensibles à l'authenticité et à l'intérêt qu'on leur porte, y compris en les critiquant. Ils sont sensibles à la fatigue qu'un enseignant peut manifester face à un élève ou un groupe d'élèves qui ne répond pas à ses attentes. Ils sont sensibles également au fait qu'un enseignant reste engagé et investi en expliquant bien ses attentes.

Imaginer de nouvelles directions et renouveler les centres d'intérêt

Chacun peut s'accorder sur le fait que favoriser la créativité et en faire preuve dans l'enseignement constituent une voie, source d'intérêt et de curiosité chez l'élève. La créativité est considérée comme une compétence première pour être capable de « naviguer » dans ce monde complexe, imprévisible, qu'il faut tenter de gérer de plus en plus par « l'intelligence digitale ». Mais les enseignants sont eux-mêmes au cœur d'un paradoxe. Bien qu'ils reconnaissent la valeur de la créativité et soient convaincus de l'intérêt de la susciter et d'en faire preuve, ils sont aussi mandatés pour enseigner de façon standardisée et répétitive. Beaucoup s'accordent aujourd'hui pour considérer que la créativité comporte deux composantes :

- les idées créatives nécessitent de représenter quelque chose de nouveau, de différent ou d'innovant ;
- une attitude ou une réponse créative est originale et appropriée en s'articulant à un contexte particulier. Le professeur de dessin ne suscitera pas la même démarche de créativité que le professeur de gymnastique ou le professeur de mathématiques.

Un enseignant peut renouveler l'intérêt des élèves pour une matière en s'appuyant sur l'histoire des créateurs, des découvreurs ou des chercheurs. Cela peut aller de Picasso à Pasteur en passant par Christophe Colomb. Ainsi l'élève peut découvrir qu'une erreur n'est pas fatale, bien au contraire, qu'à côté d'un lampadaire il ne faut pas regarder là où il y a de la lumière mais là où il y a de l'ombre et qu'il n'est jamais inintéressant de prendre en compte ce qui surprend. Cela peut susciter chez l'élève de l'admiration ou même du goût pour l'inattendu. Proposer par exemple aux élèves d'apprendre les bases de la programmation informatique ou la manière de modifier un paysage ou une photographie sur ordinateur ne constitue pas seulement une activité de loisir mais instille un intérêt nouveau pour ce que l'on ne connaissait pas jusqu'alors. Cela permet aussi de révéler le potentiel créatif de chacun.

Je reprendrai ici l'exemple de cette enseignante dénonçant le « phénomène de la table rase » trop pratiqué dans le système scolaire français. Cette enseignante en fin de carrière me fit un jour une « confidence ». « Vous savez, me dit-elle, j'ai essayé toute ma vie de ne pas faire comme la majorité de mes collègues. En France, chaque enseignant, en début d'année scolaire, considère que les élèves n'ont pas assez de connaissances et qu'ils ont tout à réapprendre. J'appelle cela le phénomène de la table rase. » Elle m'en donna alors une illustration : « Quand je demandais à mes élèves de CM1 de découvrir une poésie, je ne leur demandais plus d'apprendre par cœur mais de réfléchir sur ce que la poésie voulait dire, si elle leur plaisait ou non, d'argumenter leurs points de vue. Mes collègues étaient alors tout étonnés, car ils demandaient systématiquement à leurs élèves d'apprendre à nouveau par cœur une poésie. Sans le vouloir, mes collègues leur transmettaient implicitement le message qu'ils n'étaient toujours pas capables d'apprendre par cœur et de réciter ce qu'ils avaient déjà appris. » Cela ne signifie pas qu'il faille négliger le programme de l'année, néanmoins s'efforcer de s'inscrire dans une plus grande continuité, sur une plus longue durée, peut être profitable à l'intégration des savoirs et des compétences. La continuité des apprentissages est plus importante qu'il y paraît, car elle aide l'enfant à croire en lui. Cela lui permet de se dire qu'il est déjà compétent dans ce qu'on lui demande d'apprendre et cela n'a rien à voir avec la répétition ; on sait combien cette répétition sur des modes différents est nécessaire à l'apprentissage d'un savoir.

Impliquer les enfants dans l'amélioration du climat de l'école

Beaucoup de parents, mais aussi d'enfants, sont sensibles au climat général de leur école. Les manifestations de violence, d'absence de communication, en particulier sur ce qui se passe à l'école ou sur l'absentéisme, un laxisme trop apparent installent un climat délétère qui n'est bon pour personne. Dans des cas comme ceux-là, les adultes ont leur part de responsabilité, le climat scolaire peut être amélioré par les élèves eux-mêmes à condition qu'on leur donne suffisamment la parole et que leurs propositions soient prises en compte. Il suffit de reconnaître que la grande majorité des élèves désirent une école dans laquelle ils se sentent bien et en sécurité. Des études ont montré qu'en donnant aux élèves le sentiment qu'ils appartenaient à l'école et qu'ils en étaient membres à part entière, on constatait chez eux une volonté accrue de chercher de l'aide quand il y avait menace de perturbation ou de violence, moins de comportements perturbateurs et même une amélioration générale des résultats scolaires[4].

Chapitre 15

LE PENN PREVENTION PROGRAM

Aux États-Unis, plusieurs études menées dans les milieux scolaires ont montré qu'une pensée pessimiste est liée à de plus faibles performances scolaires et universitaires[1]. Ce constat a permis de mettre en place un enseignement fondé sur une éducation positive qui n'a pas cours en France. Cet enseignement a pourtant montré qu'il est aussi possible d'apprendre aux enfants à prendre confiance en eux et de développer leur optimisme. Les méthodes utilisées peuvent aussi être appliquées par les parents à la maison. Un long travail a été fait auprès de 3 000 élèves, de 8 à 20 ans, en Pennsylvanie. Ce programme dit « programme de résilience » (Penn Prevention Program) apprend à envisager les problèmes avec plus de réalisme et de souplesse, dans une perspective optimiste.

Un programme validé au plan international

Le Penn Prevention Program a été mis au point par le professeur Martin E. P. Seligman, professeur de psychologie et chercheur de renommée mondiale. Il s'est initialement intéressé à ce qu'il a appelé l'« impuissance acquise » qui ressemblait aux manifestations de la dépression. Il a alors proposé une méthode permettant d'apprendre à maîtriser les situations plutôt que de les subir. Son intérêt s'est ensuite porté sur la question du pessimisme et de l'optimisme. Avec une autre professeur de psychologie, Joan Girgus, et une jeune diplômée, Susan Nolen-Hoeksema, il a commencé par suivre 400 enfants âgés de 8 à 13 ans (et leurs parents) pendant cinq ans pour comprendre à quel moment débutait, chez certains, une menace dépressive ou une dépression proprement dite et ce qui rendait certains enfants vulnérables et d'autres résilients. Ces chercheurs ont alors constaté que les enfants pessimistes avaient de moins bons résultats scolaires que les enfants optimistes et lorsqu'un enfant (20 % de ce groupe) était sujet à un mal-être important, sa vision du monde devenait beaucoup plus pessimiste. Une autre collègue travaillant avec lui a accordé une importance notable à la façon dont les conflits entre parents peuvent aggraver les problèmes de conduite des enfants et diminuer leur sentiment de compétence. L'idée est venue alors d'élaborer un programme avec un groupe d'élèves associant à la fois un travail sur les pensées et sur les relations sociales. Compte tenu des résultats encourageants obtenus avec ce programme initial, le Penn Prevention Program[2] a organisé de nouvelles études à plus grande échelle : dans plusieurs établissements scolaires on a observé que la tendance dépressive de certains enfants était diminuée ou stoppée par ce double travail sur les pensées et sur les relations sociales. Ce programme a montré son impact positif sur l'optimisme des enfants. Il fut ensuite proposé aux parents et aux enseignants. Il a depuis été appliqué dans plusieurs régions des États-Unis et dans d'autres pays du monde comme le Canada, le Royaume-Uni, l'Australie, etc.

Changer les pensées automatiques pessimistes en pensées optimistes

Le premier objet de ce programme fut donc un enseignement auprès des enfants sur les pensées. Il s'agissait d'abord de leur montrer que toutes les pensées sont vérifiables et variables, qu'on ne doit pas forcément croire à ce qui vient en premier à l'esprit, les « pensées automatiques », nommées comme tel parce qu'elles surviennent spontanément sans réflexion sur leur contenu. Ensuite, on demande aux enfants si leurs pensées pessimistes provoquent de la tristesse, de la colère ou de l'angoisse ; ils doivent observer ce qu'ils se racontent à eux-mêmes et en juger l'exactitude. Il est facile pour un enfant lorsqu'il est critiqué ou accusé d'une bêtise de juger de l'exactitude de ce qui lui a été dit. Mais il lui est beaucoup plus difficile d'avoir cette démarche quand cette critique ou sa culpabilité vient non pas d'une remarque externe mais de son for intérieur. Lorsqu'on dit à un enfant qu'il est paresseux, qu'il n'a pas voulu ranger son assiette ou ses vêtements, il trouve alors tout de suite une défense. La tendance à accepter sa propre culpabilité ou les idées négatives sur lui-même est beaucoup plus naturelle chez les enfants pessimistes.

Un second volet d'enseignement de ce programme vise à aider les enfants à traiter les conflits interpersonnels et à résoudre les problèmes relationnels. Par exemple, on apprend à l'enfant à ralentir ou à diminuer la sensibilité de son « détecteur d'agressivité » et à utiliser d'autres stratégies pour gérer ses frustrations.

Le programme était initialement pratiqué douze semaines, à raison de deux heures par semaine consacrées à chaque notion, sur la base de discussions, jeux de rôles, bandes dessinées et jeux vidéo adaptés à l'âge des enfants. On leur a ainsi appris, en particulier aux adolescents qui ont par moments des points de vue négatifs sur tout, à améliorer leur capacité à faire face aux problèmes du quotidien. On leur demandait chaque jour de noter trois choses positives qui leur étaient arrivées, puis la cause de ces petites satisfactions, de lister ensuite la force de caractère qui y correspondait et de s'engager à l'employer. Le résultat ne se fit pas attendre : on constata une augmentation de la satisfaction des élèves, une diminution de l'anxiété, un recul des taux de suicide et un effondrement du nombre de dépressions (Gillham *et al.*, 1995[3]). De même, fut établi un lien entre le fait d'obtenir des explications plutôt optimistes d'événements négatifs (« Ça nous servira la prochaine fois », « À quelque chose malheur est bon », « La crise va faire baisser les loyers de nos logements », etc.) et un niveau plus élevé de réussite scolaire et dans la vie professionnelle[4].

Ce programme fut ensuite proposé aux enseignants et aux parents pour amener l'enfant à devenir un « contestataire expert » de ses propres pensées pessimistes en appliquant la méthode.

L'objectif du programme est que les parents acquièrent quatre compétences de base afin que les enfants puissent ensuite, par imitation, les mettre aussi en œuvre. Les quatre compétences du Penn Prevention Program consistent à :

• *Reconnaître les pensées* qui traversent l'esprit dans les moments où on se sent le plus mal, c'est le « captage des pensées ». Par exemple, une mère ou un père qui rentre le soir à la maison, après une journée de travail difficile, se dit qu'il va encore falloir s'occuper de savoir si les devoirs de l'enfant ont été faits, si cela n'a pas été le cas, elle ou il va se mettre en colère et crier. Grâce au « captage des pensées », l'adulte réalise qu'il n'est pas un bon parent et que ses enfants pourraient le détester, ce qui ne ferait que renforcer son pessimisme sur sa journée et sur l'image qu'il aimerait avoir de lui en tant que parent.

• *« Évaluer » sa pensée,* ce qui amène l'adulte à se demander s'il est vraiment un mauvais parent et s'il ne constate pas souvent que ses enfants l'aiment beaucoup.

• *Donner des « explications plus exactes » des faits* ou des sentiments négatifs. Le parent peut, dans cet exemple, se dire qu'il est en effet fatigué de sa journée de travail mais qu'il n'est pas pour autant un père ou une mère indigne lorsqu'il demande à ses enfants de faire leurs devoirs. Il s'agit d'éviter de se laisser aller à l'énervement comme cela peut se produire dans des situations professionnelles conflictuelles.

• *« Dédramatiser »*. Même si penser que s'occuper des devoirs de son enfant après une journée difficile est la pire des situations, ce serait la dramatiser que de penser qu'elle est totalement improductive.

Cette nouvelle façon d'aborder les choses nécessite évidemment de l'entraînement et de la persévérance, c'est un apprentissage qui prend du temps mais ces compétences peuvent changer la vie de l'enfant. Il est aujourd'hui possible de demander le manuel à l'intention des parents et des professeurs à l'adresse mail suivante : info@pennproject.org.

Développer chez l'enfant son envie d'aller à l'école en l'aidant à s'éloigner du pessimisme lié aux efforts qu'il ne parvient pas à fournir comme il le devrait, ou de sa motivation insuffisante à apprendre, est un enjeu important. C'est parce qu'il peut dorénavant contrecarrer ce fameux « Je n'aime pas l'école » qu'il en ressentira les effets sur son appréciation générale de la vie.

CINQUIÈME PARTIE

LES ENFANTS PESSIMISTES PEUVENT-ILS DEVENIR OPTIMISTES ?

Je pense qu'au plus profond de nous se trouve enfoui tout ce qui fait la richesse de notre vie intérieure, les craintes mais aussi les ardeurs, les chagrins mais aussi les consolations, les cauchemars mais aussi les rêves, les deuils mais aussi les « renaissances », qui depuis l'enfance font partie de notre patrimoine personnel[1].

Des amis proches nous demandaient parfois, lorsqu'ils s'absentaient quelques heures, de nous occuper de leur fils Julien. Nous le faisions volontiers, sachant que ce petit garçon, facilement sensible, qui montrait des signes de pessimisme sur lui-même et sur ce qu'il entreprenait, nous aimait beaucoup.

Un jour, Julien s'est montré « fermé », ne parlant presque pas, il semblait de mauvaise humeur. Généralement, je l'amenais à expliquer ce qui le contrariait. Je pris du temps ce jour-là, lui demandant à plusieurs reprises ce qui le contrariait, tout en respectant son comportement. Il finit par dire qu'il ne voulait pas aller à son cours de judo où nous devions l'accompagner. Après un temps de silence manifestant sa difficulté à expliquer son refus, je lui demandai s'il était fatigué, s'il avait des amis dans ce cours, si le dernier cours s'était mal passé ; il finit par dire que son professeur de judo l'avait disputé parce qu'il ne regardait pas ce qu'il faisait. Je lui demandai alors s'il s'était suffisamment concentré ce jour-là. Il répondit alors avec franchise qu'en effet, il s'était distrait avec son meilleur ami. On lui expliqua alors calmement mais fermement que son professeur avait eu raison, car il était là pour que lui et ses petits camarades apprennent à pratiquer le mieux possible ce sport. On lui demanda si cet événement ne s'était produit que ce jour-là ou était fréquent. Julien reconnut que d'habitude cela se passait bien. On insista donc pour qu'il se rende à son cours et je lui demandai de m'appeler pour me dire ensuite comment cela s'était passé. Il ne le fit pas spontanément ; un peu préoccupé je l'appelai. La jeune fille qui le gardait nous dit que cela s'était bien passé et me passa Julien au téléphone. Celui-ci, beaucoup plus détendu comme sa voix le laissait entendre, nous dit que son cours s'était bien passé. On lui demanda alors s'il était content, s'il était récompensé de l'effort qu'il avait fait d'aller à son cours, d'y être plus attentif et s'il pensait que cela allait mieux se passer les prochains cours. On ajouta qu'on était fiers de lui, mais que c'était surtout lui qui devait être fier de lui. Julien acquiesça, il se montra optimiste sur ses prochains cours, sans doute satisfait de ce qui s'était passé en montrant aussi son courage à ma femme qu'il aimait beaucoup.

Cette simple petite histoire contient beaucoup d'éléments qui permettent de comprendre qu'il est possible de rendre, de manière simple, un enfant plus optimiste. Beaucoup de situations concrètes le permettent en utilisant régulièrement des clés correspondant à de simples attitudes éducatives que chacun peut pratiquer. Concrètement on peut suivre les dix recommandations que je présente ici et inventer alors des exercices pratiques pour les appliquer.

Chapitre 16

MANQUE ET EXCÈS D'OPTIMISME

Si l'optimisme est un signe évident de bien-être chez l'enfant comme chez l'adulte, deux situations provoquent un véritable mal-être : le pessimisme profond, latent, qui peut créer de vrais moments de dépression, et à l'inverse un excès d'optimisme qui sonne faux ou peut mettre l'enfant en danger.

Un enfant sur la pente dépressive

Rappelons ici l'origine des recherches du professeur Seligman sur l'optimisme dont le but premier était de prévenir la dépression ou d'en éviter les rechutes chez les enfants vulnérables. Son programme d'intervention était intitulé « immunisation psychologique » contre la dépression. Sans nier que la génétique peut jouer un rôle dans les attitudes des enfants, Seligman a apporté les preuves qu'il était possible d'aider à regarder plus souvent le bon côté des choses. C'est la raison pour laquelle la méthode a d'abord consisté à reconnaître le risque de dépression chez les enfants, à les faire accompagner par des psychologues, puis à proposer cet accompagnement psychologique aux enseignants et aux parents.

Depuis les années 1960, il est devenu tout à fait nécessaire de trouver des moyens non médicamenteux pour prévenir un pessimisme de fond et le risque dépressif chez l'enfant et l'adolescent. Des études scientifiques portant sur des grands groupes d'enfants et d'adolescents ont montré que la tendance à la dépression s'accélérerait au fil des décennies. Plusieurs explications ont été proposées.

La première explication fut sociologique. Depuis une cinquantaine d'années nous sommes passés d'une société fondée sur l'effort, l'engagement et un accomplissement de soi plus satisfaisant à une société de bien-être axée sur une satisfaction et une liberté plus individuelles, marquées par le consumérisme, l'argent, la satisfaction sexuelle, l'attente de résultats scolaires et les drogues à usage récréatif. La mode est même d'être zen, à la recherche quasi obsessionnelle du bonheur. Mais de quoi s'agit-il, comment faire quand on est confronté à des situations réellement douloureuses ou traumatiques comme le chômage, une situation matérielle précaire, un accident de santé ? L'une des conséquences de cette évolution est la difficulté à trouver un sens à la vie. Lorsque s'installe le sentiment subjectif de ne pas pouvoir atteindre ses objectifs, un sentiment d'impuissance si ce n'est de désespoir, source de dépression, s'installe.

Une autre explication, plus directement psychologique, concerne directement les enfants et les adolescents. Les modes éducatifs parentaux se sont, dans ce contexte, profondément modifiés. L'intérêt porté aux enfants, à leur bien-être, a eu la fâcheuse conséquence de ne pas leur permettre, suffisamment tôt, de se confronter aux difficultés et aux échecs qui se présentent toujours à un moment ou à un autre de la vie. Lorsque ceux-ci arrivent, les capacités de maîtrise, de persévérance et d'action pour lutter contre des sentiments désagréables n'ont pas été suffisamment exercées. Une mauvaise note, un camarade qui les repousse ou une déception sentimentale leur renvoie une telle valeur négative d'eux-mêmes qu'il n'est pas rare qu'un processus de dépression s'enclenche.

Les enfants ayant une tendance pessimiste seront plus vulnérables. Les manifestations de la dépression renforçant toujours le pessimisme, une boucle négative se met en place. On peut concevoir alors tout l'intérêt d'un programme psychologique préventif, tel que l'a conçu le professeur Seligman.

Il a ainsi montré qu'un commentaire ou des explications optimistes d'un fait sont associés à un niveau plus bas de symptômes dépressifs[1]. Chez l'adulte, une littérature riche a montré que l'optimisme était incompatible avec la dépression (Sweeney, 1986[2]) et prédisait un risque de désespoir bien moins important que le pessimisme[3].

Des jeux vidéo pour redevenir optimiste

Parfois considérés comme abrutissants et facteurs d'enfermement, les jeux vidéo peuvent aussi aider les adolescents trop pessimistes ou déprimés. En Nouvelle-Zélande, un jeu mis au point par des psychiatres met en scène un monde imaginaire où le jeune sauve le monde du désespoir. Les concepteurs ont créé un outil ludique et captivant pour des patients souvent réticents à demander conseil, ou agacés par les recommandations des adultes, parce que pessimistes quant à l'aide qu'ils pourraient recevoir. Souvent les adolescents « ont juste l'impression » qu'ils se sentent mal et ils se disent qu'ils doivent faire avec. Le jeu vidéo Sparx et la TCC montrent qu'on peut faire autre chose qu'« accepter cela », selon la pédopsychiatre Sally Merry. Plutôt que d'encourager à détruire pour le plaisir, Sparx cherche à apprendre aux adolescents à faire face à la dépression, sur la base d'une méthode thérapeutique dite cognitivo-comportementale (TCC). Dans le monde imaginaire de Sparx, le joueur entre dans la peau d'un avatar qui détruit les pensées négatives avec des boules de feu pour sauver le monde du désespoir et du pessimisme. Directrice du projet, Sally Merry, pédopsychiatre à l'Université d'Auckland, explique que cette approche peu conventionnelle séduit les ados, car elle leur permet d'être acteurs de leur « soin ». « On n'est pas obligé de traiter des difficultés psychologiques de manière effroyablement sérieuse, dit-elle. La thérapie ne doit pas forcément être déprimante en elle-même, on peut aussi s'amuser. »

Le jeu vidéo compte sept niveaux d'une quarantaine de minutes chacun – une durée similaire aux traditionnelles consultations avec un praticien – et s'adresse aux adolescents âgés de 13 à 17 ans. Aidé par un guide, le joueur évolue dans le jeu qui lui donne des clés pour mieux gérer la colère, résoudre les conflits ou apprendre à se relaxer avec des exercices de respiration. Au fil des étapes, l'univers dans lequel il avance devient plus lumineux et moins menaçant.

Pour Maru Nihoniho, directrice de Metia Interactive, qui a travaillé sur ce programme, la difficulté était de rendre le jeu suffisamment captivant pour que le jeune apprenne des choses sans s'en rendre compte sur le moment. « Nous devions garder en tête les objectifs thérapeutiques, tout en concevant un véritable jeu », raconte-t-elle.

La conception s'est appuyée sur les souhaits d'un groupe test d'ados. Il a fallu limiter leurs demandes de combats sanglants et de coups de feu gratuits. « On savait qu'il ne pouvait pas y avoir de tirs à cause de la nature du jeu. Si bien qu'au lieu d'avoir des personnages qui tuent avec des mitraillettes ou des bombes, l'avatar a le pouvoir de foudroyer les pensées négatives pour les convertir en idées positives ». Les résultats d'un essai clinique publiés en début d'année dans le *British Medical Journal* montrent que ce jeu vidéo est aussi efficace pour lutter contre le spleen que des consultations en tête à tête avec un psychothérapeute.

Sparx a suscité l'intérêt des États-Unis, du Canada, de l'Australie et de la Grande-Bretagne, ainsi que d'autres pays non anglophones. Dans ces pays, on envisage de le rendre accessible dans les établissements scolaires, chez les médecins ou dans les centres d'accueil pour adolescents en difficulté ou sur Internet. Ne devons-nous pas davantage penser à accepter ce type d'outils qui constituent un moyen vraiment intéressant d'aider les jeunes à exprimer et sortir de leur mal-être ?

Un tel jeu peut même aider les jeunes, qui souffrent d'une grave dépression ou d'une maladie mentale, à oser demander de l'aide auprès des professionnels dans les hôpitaux ou les centres spécialisés pour les enfants et les adolescents qui se sont développés en France depuis trente ans.

Les enfants trop optimistes

Des parents peuvent aussi se plaindre de voir leur enfant trop optimiste. Ce sont généralement des enfants trop insouciants vis-à-vis des limites ou des risques qu'ils peuvent encourir. Ils semblent apparemment trop optimistes. Ces enfants, remplis d'ardeur, fonctionnent comme si rien ne leur était interdit, donnant le sentiment qu'ils ne voient pas d'obstacle à ce qu'ils veulent réaliser. Lorsque ces sentiments sont excessifs, par la non-prise en compte des réalités ou de l'existence ou des désirs de l'autre, cet apparent optimisme devient un obstacle dans leurs relations. En réalité, les enfants apparemment trop optimistes peuvent manifester des signes d'immaturité – vivre dans l'instant –, ou de régression – recherche de satisfaction immédiate – comme ils le faisaient quand ils avaient moins de 2 ans. Quand ils sont plus âgés, on doit chercher à comprendre les raisons de cet optimisme excessif et à le modérer.

Pourquoi est-il trop optimiste ?

Certes l'optimisme permet de « se lâcher », d'avoir confiance en soi et de se sentir fort. Mais l'optimisme excessif peut masquer chez l'enfant (comme chez l'adulte) ce qui se passe profondément en lui.

• Les enfants trop optimistes peuvent cacher une timidité qui les fait souffrir dans leur relation aux autres ou dans leur désir d'agir. À l'adolescence, cette timidité peut aller jusqu'à ce qu'on appelle une phobie sociale, handicap important dans la vie relationnelle et professionnelle, source pour certains d'une appétence alcoolique désinhibitrice. Au contraire, un optimisme équilibré avec des moments de pessimisme, c'est-à-dire adapté et lucide, permet de combattre cette peur du regard de l'autre et de l'échec social.

• Un optimisme excessif peut également cacher un trop grand désir de réussite pour être admiré de ses parents, pour se satisfaire soi-même ou pour dissimuler une douleur plus profonde. Une activité ludique mais nécessitant un engagement assez fort (par exemple jouer d'un instrument de musique, s'investir dans un sport de compétition...) peut se transformer en une activité obsédante, jamais suffisamment satisfaisante et risquant de susciter tôt ou tard un sentiment d'échec et un pessimisme de plus en plus envahissant. Chaque enfant ne peut pas devenir un concertiste mondialement connu, un sportif de haut niveau ou un danseur ou une danseuse étoile. Ces derniers gardent un goût et un plaisir excitants, un optimisme motivant pour ce qu'ils font mais ils sont peu nombreux à réussir au niveau d'excellence. Pour les autres, le « toujours plus » ou ce qu'on peut appeler « une maladie d'idéalité » risque de faire plus de mal que de bien. Il est ici important de rappeler à l'enfant, à partir de 6 ou 7 ans, que c'est agréable de vouloir aller vers ce qu'on désire réussir mais que « aller vers » signifie qu'on n'y est pas. Un désir, un projet n'est pas un fait accompli ni une réalité déjà acquise. Nous différencions, en psychologie du développement de l'enfant, l'idéal du Moi (le « aller vers ») du Moi idéal (l'être déjà sans vraiment l'être) signe de la mégalomanie. Je pense ici à cette jeune fille de 13 ans qui avait perdu son père à l'âge de 2 ans et qui découvre brusquement, sans raison apparente, les difficultés qu'elle a à progresser dans son apprentissage du piano qu'elle a très fortement investi. Selon elle et sa mère, elle manifestait jusque-là un optimisme à toute épreuve, y compris à propos de sa scolarité. Cette jeune fille faisant, même physiquement, beaucoup plus jeune que son âge réel, me dit qu'elle avait seulement comme difficulté sa relation aux autres de son âge. Elle se sentait à part en raison de ses réussites artistiques. Jouer du piano l'amusait tellement, me dit-elle alors, qu'elle ne pouvait s'en passer chaque jour et qu'elle était déjà connue pour ses dons. Je compris alors progressivement que cet optimisme excessif était pour elle un moyen d'oublier l'absence de son père et la douleur profonde qu'elle en avait à un moment où elle en ressentait sans doute plus fortement l'absence.

Chapitre 17

ET SI LA SOLUTION POUR ALLER BIEN ÉTAIT D'ACCEPTER QUE ÇA VA MAL

L'enfant sait plus ou moins clairement que la vie n'est pas toujours rose. Il constate son impuissance dans certaines situations, son ignorance dans d'autres, les peurs qui l'habitent. Dès l'enfance, la pensée négative « a aussi son utilité », comme « vision plus souple et plus complexe » du monde. L'enfant n'est pas un idiot. Il peut saisir sans toujours clairement le formuler ce que disait Benjamin Franklin : « Quand les choses vont mal, j'ai confiance qu'elles se redressent ; mais quand elles vont bien, je crains qu'elles ne se détériorent ! » L'enfant l'expérimente dans sa vie quotidienne. De façon imagée, on pourrait interpréter les pensées intimes de l'enfant qui accepte de faire un effort : gravir cette côte va me fatiguer, je n'en ai pas envie mais après il y aura la descente qui m'amuse.

De façon plus éducative, on peut lui transmettre cet adage qu'il y a en effet des situations pénibles mais qu'à quelque chose malheur est bon. Il est toujours possible d'en trouver des exemples sans pour autant tomber dans un optimisme excessif.

Avoir une part de pessimisme

Dès l'enfance, il n'est pas possible de vivre sans être confronté à des situations difficiles, tristes ou violentes. Ces situations angoissent, mettent en colère, désespèrent. La réalité peut être impitoyable, les enfants ne sont pas à l'abri. Comme les héros des contes, des films ou des romans, les enfants et les adolescents peuvent par moments se sentir impuissants et se résigner. Comment peuvent-ils alors ne pas être envahis par un sentiment teinté de pessimisme ? Dans ce cas, le pessimisme est adapté.

Pourquoi les contes pour enfants sont-ils parfois cruels ou mettent-ils les héros en danger, donnant une image de la vie négative et dangereuse ? Et surtout, pourquoi les enfants nous demandent-ils de les relire chaque soir ? Pourquoi les romans, les films, les pièces de théâtre, les opéras qui pourraient rendre les adolescents ou les parents pessimistes les intéressent-ils tant et les fascinent ? N'est-ce pas parce qu'ils racontent la vie ? Mais ils la racontent de telle façon que cela nous permet de ne pas y être directement impliqués tout en étant concernés. Toutes ces œuvres racontent la vie avec une dramatisation et un esthétisme qui favorisent leur caractère imaginaire et apaisent le pessimisme plus ou moins latent.

Les limites de l'optimisme : un pessimisme réaliste

Si j'ai parlé essentiellement de l'optimisme, c'est que j'en connais l'intérêt pour les enfants, surtout pour ceux qui ont une tendance à avoir souvent des pensées négatives. Mais je sais que l'optimisme a des limites et qu'il peut avoir des revers. J'ai déjà parlé des enfants trop optimistes. Ici je voudrais surtout insister sur ceux qui ne prennent pas en compte les réalités. Il existe un optimisme lucide mais qu'il est sans doute moins facile de trouver, surtout lorsqu'on est un enfant. Il existe aussi un pessimisme réaliste. L'enfant, comme l'adulte face à des situations difficiles, préfère ne pas volontairement s'y confronter et dénie la réalité. Cela peut aller jusqu'à la fameuse méthode Coué, une sorte de politique de l'autruche en quelque sorte. J'ai rencontré beaucoup d'enfants ou d'adolescents qui refusaient de voir les problèmes qu'ils présentaient dans telle ou telle matière scolaire avec les conséquences que cela entraînait sur la suite de leurs études. N'est-il pas préférable que l'enfant présente un degré de pessimisme réaliste qui lui permettra de chercher les raisons de ces échecs, de modifier ses comportements et sa manière de travailler plutôt que de faire comme si tout allait bien ? Au risque, sinon, de rapidement déchanter. Le pessimisme a ainsi une forme d'utilité, dans l'appréhension de la réalité. On peut même dire qu'il a chez l'enfant (comme chez l'adulte) un rôle de veille et de vigilance, s'il reste néanmoins mesuré.

Ici les parents ont un rôle important à jouer mais délicat. Ils doivent pouvoir aborder avec leur enfant les difficultés qu'il rencontre, sans le plonger dans un sentiment d'impuissance, qui lui renverrait une image négative de lui-même. Les parents doivent savoir départager le pessimisme de l'image négative qui s'ensuit afin d'accompagner au mieux leur enfant vers un changement d'attitude.

Le « pessimisme défensif »

On sait que, parmi ses aspects positifs, le pessimisme contribue à savoir se protéger. Pessimiste et lucide, on peut anticiper, mieux analyser et contrôler ce qui pourrait se passer en cas de difficultés importantes.

C'est là le « pessimisme défensif », une stratégie mentale utilisée pour se préparer aux événements stressants. Le « pessimisme défensif » ne conduit pas à l'impuissance telle qu'on peut la rencontrer chez les sujets dépressifs[1], il conduit plutôt à une prise en compte des moyens dont on dispose.

Dans un conflit, où on perçoit le risque d'une issue défavorable, un pessimisme ponctuel permet de s'adapter aux issues possibles, de ne pas tomber de haut ou de ne pas verser dans le déni du problème. Sénèque ne l'avait-il pas déjà identifié d'une certaine manière lorsqu'il écrivait : « On est toujours plus fort quand on s'est préparé. On résiste même aux coups durs quand on les a prévus[2]. » Quelques siècles plus tard, Leibniz – ce philosophe du bonheur et de l'optimisme, connu pour son scandaleux propos selon lequel nous vivons dans le meilleur des mondes – n'en a pas pour autant dénié l'angoisse et on pourrait ajouter le pessimisme qu'elle suscite. Il affirme que l'inquiétude est une promesse de bonheur, cet « aiguillon » qui maintient nos désirs en état d'alerte : « L'inquiétude est le principal pour ne pas dire le seul aiguillon qui excite l'industrie et l'activité des hommes[3]. » Voila bien le paradoxe et l'aspect positif du négatif. On sait que l'inquiétude et même l'angoisse peuvent être des signaux d'alerte, comme la fièvre l'est pour le corps en danger d'infection. Le pessimisme peut donc jouer ce rôle d'alerte suscitant une meilleure vigilance au danger.

Les chercheurs se sont penchés sur ce « pessimisme défensif ». L'enfant, l'adolescent ou l'étudiant ayant passé un examen peut se dire et dire à son entourage « J'ai raté ». Il n'est pas optimiste, il peut être objectif. Mais il peut aussi être « défensivement pessimiste », c'est-à-dire se protéger d'une déception future tout en pensant au fond de lui que cela ne s'est pas si mal passé.

Le terme de « pessimisme défensif » a été inventé par une équipe américaine dans le milieu des années 1980[4]. Les recherches ont abouti à la description d'une stratégie cognitive[5] qui permet à la personne, dans une situation qu'elle appréhende ou qui l'angoisse, de passer en revue tout ce qui pourrait arriver de négatif. Ce moyen de contrôler les échecs potentiels permet de se rassurer le moment venu et de réussir beaucoup mieux que prévu. L'exemple peut être celui d'un enfant ou d'un adolescent qui sait qu'il va passer au tableau lors de la prochaine interrogation. Même s'il a déjà montré qu'il en était tout à fait capable dans d'autres circonstances. Il énumérera alors dans sa tête tous les écueils qui pourraient perturber son exposé. Il passera en revue avant de partir tous les éléments qui peuvent lui éviter ces écueils. Cela ira jusqu'à vérifier trois fois s'il a bien revu les connaissances qui lui seront sans doute demandées ou téléphoner à son meilleur ami pour se rassurer. Les enfants qui présentent ce mode de pensée sont souvent des anxieux qui se confrontent aux tâches qu'ils doivent réaliser en essayant de gérer au mieux leur anxiété pour qu'elle ne les empêche pas d'agir. Ils se distinguent clairement en cela des enfants optimistes qui évitent de se sentir anxieux en imaginant des perspectives positives, parfois trop optimistes. Une expérience a étudié deux groupes d'étudiants, l'un présentant ce « pessimisme défensif » et l'autre présentant un point de vue optimiste. Les chercheurs ont demandé à ces deux groupes de réfléchir à ce qu'ils pensaient avant de réaliser une tâche. Comme prévu, les « pessimistes défensifs » devenaient plus anxieux et cherchaient par anticipation tout ce qui allait les gêner. Mais les « optimistes » étaient également plus anxieux qu'à leur habitude. La manière de surmonter son anxiété est donc bien une clé du résultat des actions que l'on entreprend.

Le pessimisme se présente comme une attitude bien plus intéressante qu'on ne l'imagine, car dans certaines situations il est vraiment protecteur. Cette qualité souligne la différence entre ce qu'on appelle le pessimisme comme trait stable de la personnalité et le « pessimisme défensif », qui correspond à une attitude d'adaptation dans un contexte qui peut le réclamer, et ce dès l'enfance.

Un pessimisme créatif ou même joyeux

On peut aussi parler d'un pessimisme créatif et même joyeux. Chez les adultes, on attribue souvent aux créateurs ou aux artistes, qu'ils soient musiciens, peintres ou écrivains, une hypersensibilité, une nature inquiète et même chez beaucoup un profond pessimisme qu'ils sublimeraient par la créativité et l'activité créatrice. J'ai rencontré des enfants ou des adolescents dont le goût prononcé pour l'écriture de journaux intimes, de « nouvelles ou de romans », ou pour le dessin, la musique ou le projet d'une carrière dans ces domaines avaient, en partie, comme fondement le désir de se dégager d'un pessimisme plus ou moins important.

Quant au pessimisme joyeux, j'ai insisté sur les qualités que le maniement de l'humour comporte. Cet humour présent chez l'enfant peut avoir une composante pessimiste qui fait rire. Une mère soucieuse des problèmes d'indiscipline de son fils, âgé de 10 ans, lui demande systématiquement le soir quand il rentre de l'école : « Comment ça s'est passé aujourd'hui ? » Elle me dit alors : « Vous savez ce qu'il m'a répondu hier... Il m'a dit, avec un air fataliste accompagné néanmoins d'un sourire : "Si j'étais trop sage, ce serait embêtant pour les autres et même pour toi, car tu ne saurais plus quoi me demander chaque soir quand je rentre l'école." » Cet autre enfant, fatigué et lassé de faire régulièrement des rhinopharyngites, dit un jour à ses parents : « Je pense que je vais mal, pendant le cours d'anglais j'ai éternué en anglais ! » Les mots d'humour des enfants peuvent, aussi souvent que chez les adultes, révéler un pessimisme sous-jacent.

On retrouve ici l'intérêt de l'humour dans ce qu'il peut parfois avoir d'utile pour lutter contre un pessimisme préventif et lucide.

Julien, un garçon de 13 ans, se lance pendant ses vacances, poussé par deux amis, dans l'apprentissage de la guitare. Ses débuts sont difficiles. Il ne semble pas doué pour cet instrument. Il s'acharne puis se désespère. Il passerait volontiers sa guitare à l'un de ses deux amis en leur proposant, sur leurs conseils, de les accompagner à la batterie. Mais la batterie n'attire pas profondément Julien. Il devient franchement pessimiste sur ses capacités de faire partie du trio qu'il voulait créer. Julien leur demande ce qu'ils en pensent ; voyant leurs regards quelque peu moqueurs, il leur dit en souriant : « Les musiciens jouent quand le *Titanic* coule, si on apprenait plutôt à faire du bateau, après on pourrait faire un orchestre sans risque de se noyer ! » Ses amis, sachant que Julien fait du bateau avec son père, ce dont il est très fier, lui répondent, eux aussi en souriant : « D'accord mais à condition que ton père t'apprenne aussi à jouer de la guitare. » Ils savent évidemment que le père de Julien ne sait absolument pas jouer de cet instrument. Ils rient alors tous les trois en réalisant qu'ils auront du mal à poursuivre leur projet de jouer ensemble de la guitare. D'un pessimisme justifié et lucide ils sont passés tous les trois à un pessimisme joyeux.

Cela pose la question du pessimisme général, attitude invariablement adoptée face à tout événement ou circonstance négatifs. Cela induit aussi l'idée que l'optimisme et le pessimisme, dès l'enfance, sont les deux extrêmes d'un même continuum, alors que l'on a souvent tendance à penser que l'opposé de l'optimisme c'est la perte d'optimisme, ce qui n'est pas l'équivalent de la présence d'un pessimisme.

Chapitre 18

PARENTS OPTIMISTES OU PARENTS PESSIMISTES

Cultiver l'optimisme chez son enfant implique de savoir ce que l'on veut. Veut-on un enfant plutôt heureux, sachant saisir les bons moments de la vie ou un enfant plutôt sur la défensive face aux difficultés qu'il rencontrera ? On souhaite bien sûr les deux. Quels chemins parcourir pour arriver à cet objectif ? Instiller chez son enfant une dose utile d'optimisme, en particulier quand il semble en manquer, est toujours souhaitable. Cela est plus facile pour un parent lui-même plutôt optimiste que pessimiste. Les parents doivent néanmoins savoir que l'enfant, au moins jusqu'à l'âge de 10 ans environ, a tendance à croire que les paroles de ses parents sont la vérité, même s'il s'est déjà rendu compte, ponctuellement, que ce n'était pas toujours le cas. Il a du mal à concevoir que les phrases négatives dites à son propos ne soient pas vraies.

S'il est clair qu'il vaut mieux être un parent optimiste quand on souhaite un enfant plutôt optimiste, est-il dangereux d'être un parent pessimiste ?

Rien n'est jamais fixé une fois pour toutes

J'ai rencontré une maman se plaignant de son pessimisme qu'elle attribuait à son enfance, à ses parents, toujours négatifs, et qu'elle souhaitait ne pas transmettre. Je lui répondis qu'en effet elle pouvait le craindre, mais qu'elle-même n'était plus une enfant. La preuve était que devenant mère elle avait un désir positif pour ses propres enfants et qu'elle allait même retrouver des signes d'optimisme qu'elle avait sûrement connus enfant, comme tout un chacun.

Je ne pense pas qu'un enfant ou un adolescent soit destiné pour le reste de sa vie à être pessimiste ou optimiste. Ma pratique professionnelle m'a amené à rencontrer de très nombreux parents qui se souciaient à juste titre des problèmes scolaires, relationnels ou familiaux de leurs enfants et, notamment, de leurs adolescents qu'ils trouvaient pessimistes et même déprimés. J'ai dû moi-même lutter contre un certain pessimisme sachant ce qu'il se passait pour ces enfants et ces adolescents et ce que je pouvais faire avec eux.

Peu à peu, je suis devenu plus confiant pour une simple raison. Je me suis rendu compte que la plupart des enfants évoluent par eux-mêmes, avec le temps, à condition qu'ils sentent qu'on se préoccupe vraiment d'eux, de leur vie et de leurs problèmes. Beaucoup d'adolescents qui inquiétaient leurs parents, que je recevais en pleine crise, six mois, un an, cinq ans, parfois dix ans plus tard avaient trouvé leur chemin. Et cela toujours grâce à un intérêt pour une activité professionnelle, à un amour qu'ils avaient rencontré et qui leur apportait un véritable soutien, à une envie profonde, mais sur le moment bien cachée, de vivre et de profiter des innombrables possibilités que la vie peut offrir.

Être le témoin de toutes ces évolutions m'a sûrement permis de devenir moi-même beaucoup plus optimiste que je ne l'étais auparavant dans ces situations, tout en restant réaliste et en connaissant les difficultés que peuvent vivre un parent, un enfant ou un adolescent au cours de certaines périodes. Ce n'est pas un avis personnel, je partage ce point de vue avec beaucoup de mes collègues qui ont le recul suffisant pour faire ce constat mais qui restent eux aussi réalistes quant au fait que les échecs existent, mais en moins grand nombre qu'on le craint.

Ce qui se passe pour ces adolescents se passe pour chacun d'entre nous. Il y a des faits dont la gravité est telle que nous ne les oublierons jamais : un accident grave dont les séquelles sont inscrites dans notre corps ; la disparition d'un être très cher ; la mort d'un enfant. Même si ces événements marquent à jamais notre vie, s'ils restent gravés dans notre mémoire, la vie se poursuit, de nouvelles rencontres se font, de nouvelles choses, beaucoup plus heureuses se produisent, et la vie qui nous semblait s'être arrêtée continue. Que nous soyons pessimistes ou optimistes, nous ne pouvons que constater cette capacité humaine à poursuivre notre chemin. Il est probable, si l'on est pessimiste, que les souvenirs malheureux nous reviennent plus facilement à l'esprit, en raison de la tendance fréquente du caractère pessimiste à se tourner plus volontiers vers le passé que vers le présent ou le futur. Plutôt optimistes, nous nous dégagerons plus rapidement de ces circonstances malheureuses, nous penserons plus facilement que rien n'est jamais fixé une fois pour toutes, grâce à notre capacité à nous tourner vers le futur.

Beaucoup d'entre nous doutent du fait que l'on puisse changer nos traits de caractère. Ils ont raison et tort à la fois. Une personne me disait : « On ne peut pas changer, l'optimisme et le pessimisme, c'est génétique. » Oui, en effet, mais seulement pour une faible part. Nous avons beaucoup plus de liberté et de possibilité de changer que nous le croyons. La question n'est pas que les pessimistes puissent ponctuellement être optimistes et inversement, la question est de savoir comment changer plus généralement sa tendance excessive au pessimisme, jusqu'à quel point et pour combien de temps. Ce changement ne va pas de soi, pour autant il faut croire à ses capacités. Cela est encore plus vrai pour les enfants et les adolescents qui sont encore en plein développement et riches de ressources de changement.

Nous sommes volontiers rassurés par la continuité des choses, de nos vies. Mais lorsqu'un événement malheureux nous accable, notre pessimisme se renforce, notre optimisme est mis à mal. Que nous soyons pessimiste ou optimiste, n'est-il pas préférable de croire à l'imprévu, au fait que notre vie, au-delà de nos intentions et de notre subjectivité, est toujours source de changement ?

Même si, en tant que parent, on est soi-même plutôt pessimiste, l'optimisme peut être appris très tôt à l'enfant.

Que l'on soit optimiste ou qu'on ne le soit pas, on peut aider l'enfant à le devenir

En tant que parent, il est logique de penser que son degré d'optimisme peut se transmettre à son enfant. Cela est confirmé. J'ai présenté dans le chapitre 9 une recherche montrant l'influence des parents sur les enfants dès l'âge de 5 ans leur permettant de prévoir qu'une personne se sent mieux si elle a une pensée optimiste. Mais dès la naissance, pourrait-on dire, l'influence de la pensée des parents sur celle des enfants peut se concevoir, grâce aux travaux des neuroscientifiques.

Les neuroscientifiques ont montré qu'il existe dès l'enfance, dans le cerveau, ce qu'on appelle aujourd'hui des neurones miroirs qui peuvent lire la pensée de l'interlocuteur et poussent à ressentir ce que l'autre ressent. Le parent est donc capable de développer de la confiance, de l'empathie et de l'optimisme envers son enfant par cette voie. Au-delà de cette communication facilitée de cerveau à cerveau, ce qu'entend et voit un enfant influence la manière dont il pense.

Les parents optimistes peuvent ressentir durement une situation douloureuse, la maladie grave ou l'accident d'un enfant, un échec personnel dans le couple ou dans le travail, des problèmes psychologiques ou scolaires d'un enfant, mais rapidement ils surmontent leurs craintes, leur chagrin ou leur désespoir. Ils appréhendent leur vie de manière active. Ils savent s'entourer de personnes qui les aideront plutôt que de se replier sur eux-mêmes. Ils pensent aussi à la chance qu'ils ont pu avoir et ont su saisir dans le passé. Ils combattent. Comme l'écrivait Victor Hugo : « Ceux qui vivent, ce sont ceux qui luttent ; ce sont ceux dont un dessein ferme emplit l'âme et le front [...]. Ceux-là vivent, Seigneur ! Les autres je les plains. Car de son vague ennui le néant les enivre, car le plus lourd fardeau, c'est d'exister sans vivre[1]. » En fait, ils mobilisent leurs ressources internes vers un potentiel optimiste alors que le contexte pourrait les écraser dans la négativité. L'enfant pourra s'imprégner de cette manière d'être dans un moment difficile et le dépasser.

En tant que parent, il est également logique de penser que l'on risque de transmettre son pessimisme à son enfant. Deux facteurs contredisent cette logique. D'abord l'équilibre qui s'établit souvent, à ce niveau, entre les deux parents, l'un étant généralement plus optimiste que l'autre. Le second facteur est plus paradoxal : l'enfant ne nous permet-il pas de redevenir optimiste en nous replongeant dans une atmosphère et un état d'esprit « enfantin » qu'à son tour il nous communique ? Nous retrouvons alors en nous-mêmes l'enfant insouciant et optimiste qui est toujours enfoui en nous. Les racines de l'optimisme potentiel sont là, dans les secrets de notre première relation au monde, secrets du tout petit enfant qui était *naturellement* plus optimiste que nous le sommes devenus et qui était beaucoup plus compétent sur les plans sensoriel, affectif, cognitif et social que nous le pensions par le passé.

Je ne crois pas que l'optimisme se décrète. Quand il n'est pas là, nous devons le chercher en nous, là où il se trouve, c'est-à-dire là où il s'est déjà trouvé pour chacun d'entre nous : dans les racines qui nous ont permis d'avoir le désir et la force de découvrir le monde et de « commercer » avec lui. Nous avons souvent utilisé sans le savoir cette démarche. Le cœur de l'optimisme siège dans notre petite enfance. Celui-ci reste en nous et sera toujours une source accessible si nous avons du mal à nous sentir confortés...

Si nous n'y arrivons pas seul, n'hésitons pas, comme par le passé, à chercher une voix bienveillante qui nous rassurera pour nous apaiser et affronter les éventuelles menaces tant imaginaires que bien réelles de la vie. N'oublions pas que cette petite enfance que nous avons traversée nous a

« mis au monde » et nous a permis de nous adapter à notre environnement.

Comme le parent optimiste, un parent pessimiste peut donner à son enfant, désirant qu'il ne lui ressemble pas, quelques conseils pour l'aider à penser de façon plus optimiste :

– regarde le bon côté des choses chaque fois que c'est possible ;
– quand tu obtiens un succès, ne te montre pas trop modeste et accepte les compliments ;
– quand les choses ne vont pas si bien, ne t'attarde pas sur elles ou ne te considère pas trop à leur origine ;
– essaie de te focaliser sur les bonnes choses qui t'arrivent plutôt que sur les mauvaises.

Les enfants sont des espions involontaires. Ils vous écoutent et vous observent et retiennent ce que vous faites et pensez. Ils ne le rapportent pas à une puissance supérieure mais le retiennent pour eux.

Des approches familiales méthodiques

Nous sommes peu habitués en France à proposer des programmes « éducatifs » aux parents. Ce n'est pas le cas dans les pays anglo-saxons où le recours à des outils pédagogiques pour améliorer une pratique est courant. Je citerai ici deux programmes qui ne sont pas centrés spécifiquement sur la manière de favoriser l'optimisme chez l'enfa[illegible] mais qui ont aussi cet objectif. Il s'agit ici de s'inspirer [illegible] qu'ils contiennent plutôt que de suivre scrupuleu[illegible] méthode.

Comme il existe des programmes pour faire progresser les résultats scolaires grâce à une pensée optimiste, il existe des approches méthodiques pour les parents. Je citerai ici le Positive Parenting Program ou comment être un parent optimiste et la Family-Centered Positive Psychology (FCPP) ou comment être optimiste en famille.

Le Positive Parenting Program[2]

Cette approche est destinée aux parents des enfants présentant des difficultés de comportement, un manque de confiance en eux ou des problèmes émotionnels, comme une tendance pessimiste ou une anxiété handicapante. Son but est de permettre aux parents de prendre conscience des ressources et des possibilités qui existent en chacun de nous. Lorsque l'enfant se sent mieux à la maison et à l'école, cela retentit aussitôt sur l'optimisme de ses parents.

Ce programme veut aider les parents à mieux résoudre les problèmes que leur enfant leur pose ; cela consiste à :

1. améliorer leurs connaissances, leurs capacités, leur confiance, le sentiment d'être suffisamment confiant et d'avoir plus de ressources qu'ils ne l'imaginent ;
2. mettre en valeur l'éducation, la sécurité, l'engagement, créer un environnement non violent et peu conflictuel pour les enfants ;
3. développer les compétences sociales, émotionnelles, intellectuelles, de langage et comportementales à travers des pratiques de soutien, de réassurance et de valorisation de l'enfant.

Cinq principes de base sont au cœur de ce programme :

1. assurer une sécurité et un engagement parental ;

2. créer un environnement d'apprentissage positif dans lequel le parent devient le premier enseignant de l'enfant ;
3. utiliser une discipline assurée ;
4. avoir des attentes réalistes ;
5. prendre soin de soi en tant que parent.

Plus concrètement les conseils suivants sont recommandés et à adapter à chaque enfant selon ses difficultés :

1. savoir féliciter son enfant quand il le mérite, de manière précise et descriptive à propos de ce qu'il a fait ou pas fait quand il s'agit d'une bêtise ;
2. apporter une attention qui ne soit pas uniquement verbale grâce à un regard, se pencher vers lui, montrer un intérêt ;
3. proposer et offrir des activités intéressantes pour l'enfant ;
4. établir des règles simples et claires ;
5. donner les instructions calmement et clairement ;
6. avoir une discussion dirigée dans un sens ou sur un thème précis ;
7. préserver des moments de tranquillité ;
8. conseiller sur la façon d'utiliser son temps ;
9. donner des tâches pratiques ;
10. donner à l'enfant un but personnel de changement ;
11. chasser les pensées qui ne servent à rien ;
12. augmenter les habitudes de communication personnelle ;
13. favoriser les relations heureuses ;
14. avoir des conversations insouciantes ;
15. aider à développer des manières de faire face à des situations à haut risque.

Ce programme, mis au point par les spécialistes de l'Université de Brisbane en Australie, a montré de façon claire et validée qu'il peut apporter un véritable bénéfice aux enfants présentant des difficultés, en leur donnant une meilleure confiance en eux et en les aidant à rompre avec une vision pessimiste de leurs capacités. On peut commencer à pratiquer cette méthode dès l'âge de 3 ans et jusqu'à l'adolescence.

Selon les difficultés de votre enfant, selon la manière dont vous vous les représentez, vous pouvez vous inspirer de ce programme.

La Family-Centered Positive Psychology (FCPP)

La FCPP, mise au point par le professeur Suzan Sheridan et ses collaborateurs de l'université américaine du Nebraska, travaille sur les liens entre l'optimisme et la santé de l'enfant, définie par l'Organisation mondiale de la santé comme un bien-être physique, psychologique et social. Ce programme est destiné aux familles rencontrant des difficultés avec leur enfant qui sont prisonnières d'un pessimisme collectif, plus ou moins latent. Le but est de trouver un chemin plus favorable qui préserve l'état d'esprit des enfants et de toute la famille.

Cette approche, distincte du Positive Parenting Program, est davantage orientée sur le fonctionnement familial que sur l'enfant ou l'adolescent lui-même. Une évaluation et une mise en valeur des forces familiales ont montré que cette approche avait des résultats favorables pour les enfants et les adolescents et qu'elle apportait davantage de bien-être et donc un esprit plus optimiste. Cela a été en particulier vérifié pour les problèmes scolaires[3] ou pour des adolescents boulimiques ou obèses ou à risque de l'être[4].

Ce dispositif s'intéresse aux moyens et aux activités permettant de comprendre, d'éduquer et d'inciter les enfants à développer leurs capacités au lieu de se centrer sur leurs problèmes et de chercher à les corriger, soigner ou traiter. Il s'agit donc ici de mettre en valeur les qualités de la famille même si elle est en difficulté et de construire de nouvelles capacités. Dans le programme initial, les professionnels qui accompagnent les familles suivent des principes dans leur intervention, mais ces principes peuvent tout à fait être appliqués sans aide extérieure, par la famille elle-même. Ces cinq principes sont les suivants :

1. Parents et les enfants de la famille se considèrent comme des participants volontaires au programme et des partenaires actifs.
2. Les besoins de la famille sont déterminés par la famille elle-même.
3. Écouter ce que chaque membre de la famille considère comme une capacité (par exemple se parler), une compétence (par exemple s'intéresser à celui qui en a besoin à un moment donné) et des ressources (par exemple pouvoir consacrer deux heures par semaine à parler ensemble). Cela peut s'appliquer à des discussions familiales autour d'un passage de classe, d'une orientation, de la question d'un internat pour un enfant à un moment donné. Habituellement, chaque parent peut avoir un point de vue différent et choisir de pointer les inconvénients de telle possibilité plutôt que les avantages. Si l'on suit le principe de la Family-Centered Positive Psychology, il sera recommandé de rechercher plutôt les avantages que les inconvénients. Utiliser les « forces existantes » de la famille part donc de l'idée que toutes les familles ont des capacités et des ressources propres

à elles-mêmes, mais que le système familial qui s'est installé présente des difficultés ou des obstacles rendant difficile le recours à ses ressources, ce qui rend la famille dépendante des autres.

4. Privilégier les compétences des parents et des enfants plutôt qu'utiliser des stratégies extérieures. Résoudre un problème d'ordinateur ou comprendre le manuel d'utilisation illustre l'acquisition de compétences nouvelles pouvant servir à tous. C'est la démarche inverse à celle de faire appel à un professionnel qui est supposé détenir le savoir ou à une « Nanny » qui remplacerait les parents parfois submergés par les problèmes que leur posent leurs enfants.

5. Partager solidairement les problèmes à résoudre ainsi que les activités familiales. Cela nécessite que chaque membre soit reconnu de façon identique dans sa capacité à agir selon son âge et ses compétences. La parole et les compétences de l'enfant sont ici reconnues de valeur et de poids identiques à celles des adultes ; de même chaque parent doit reconnaître la parole de l'autre parent. On pourrait prendre ici comme exemple de discussion l'informatique et son utilisation dans un but utilitaire ou ludique. On sait aujourd'hui combien les enfants ou les adolescents peuvent se montrer plus compétents que les adultes.

Chaque membre de la famille peut utiliser ses propres capacités, ses forces afin que toutes se mutualisent dans l'objectif de faire évoluer le fonctionnement familial. On peut commencer par des questions simples mais néanmoins conflictuelles : « Qui débarrassera la table ? » est une question courante dans beaucoup de familles. Un frère ou une sœur plus âgé(e) qu'un autre enfant peut se plaindre régulièrement que le plus jeune n'aide pas suffisamment. La tension monte chez chacun des membres, adultes et enfants. Deux possibilités s'offrent alors à la famille : soit c'est à qui en fera le moins possible, soit une répartition acceptée par tous après que chacun a donné son point de vue et écouté l'autre permettra une organisation à tour de rôle qui prendra en compte les possibilités de chaque enfant selon son âge et sa disponibilité (par exemple en fonction du travail scolaire à faire).

Il existe toujours un membre doué pour le bricolage, la cuisine, la préparation des vacances ou l'explication d'un problème général ou culturel. Il s'agit surtout de mettre en valeur non pas le résultat obtenu mais le fait de l'avoir résolu ensemble.

S'intéresser aux compétences plutôt qu'aux problèmes donne implicitement une représentation générale et individuelle plus optimiste.

Il est intéressant de voir que, dans la culture française, l'intérêt se focalise essentiellement sur les acquisitions scolaires classiques. Quand les adolescents commencent à exprimer leur propre choix sur les activités, les passions dans lesquelles ils souhaitent s'investir, il se trouve que ces choix correspondent souvent à ce qui a représenté un intérêt ou un désir fort pour un ou plusieurs membres de la famille. Mais cette passion ou cet intérêt n'a pas pu être investi durablement, il a été empêché pour diverses raisons. C'est l'exemple du fils ou de la fille qui choisit l'apprentissage du piano, que le père ou la mère avait toujours rêvé de faire.

Dans ces situations, les adolescents ont compris inconsciemment qu'ils avaient également ce désir et cette force pour se battre, et eux, l'utilisent. La FCPP a pour but de faire prendre conscience assez tôt de ce potentiel et de ces liens avec la famille ou un de ses membres, développant également chez les jeunes une meilleure vision de leur avenir.

Il est facile de comprendre que cette approche cherche ainsi à motiver le groupe familial et chaque membre qui le compose. Plusieurs recherches menées sur ce programme ont montré des résultats positifs sur le développement des enfants[5] et le renforcement des liens entre la famille et les enseignants. Les capacités sociales, les comportements et les apprentissages scolaires des enfants des familles qui avaient appliqué ce programme ont été évalués. Les résultats obtenus ont été tout à fait positifs pour les enfants de cours élémentaire, de début de collège et pour les enfants présentant des handicaps.

Donner du sens à votre vie et à celle de vos enfants

Donner du sens à la vie peut paraître abstrait, surtout pour l'enfant. Je n'en crois rien, c'est important à tous les âges de la vie. À propos de l'éducation des enfants, beaucoup de parents, surtout les mères, se plaignent à juste titre de ne pas avoir suffisamment de temps et l'esprit disponible pour s'occuper de leurs enfants comme elles le souhaiteraient. L'index du bien-être des mamans contrariera les premières féministes. Les mères qui font passer leurs carrières au second plan après l'éducation de leurs enfants montrent plus fortement que leurs vies sont dignes d'intérêt et se déclarent plus heureuses que les mères qui font l'inverse. L'important est surtout de donner un sens à sa vie. Certains le trouveront dans une vie professionnelle réussie, d'autres trouveront un bon équilibre entre les deux, d'autres enfin privilégieront la vie familiale et l'éducation des enfants.

L'enfant, un interprète en quête de sécurité, de sens, de valeurs et de liberté

Ma vie professionnelle m'a montré que, très tôt, l'enfant, sans le penser comme peut le faire un adulte, cherche à donner du sens à sa vie pour se dégager de ses angoisses, de son ennui, sources de pessimisme. Il est confronté aux angoisses de son âge. De nombreuses choses lui sont nouvelles et inconnues. Il ne contrôle pas facilement ce qui lui arrive, ses désirs, ses pulsions, ce qui le confronte à l'imprévu. Il agit pour s'initier et expérimenter ses capacités, mais il a besoin d'être accompagné. Aider les enfants à dépasser leurs peurs est déjà une première piste pour les aider à ne pas tomber dans le manque de confiance en soi et un pessimisme plus ou moins latent. Mais on peut faire beaucoup mieux.

Une des meilleures preuves de cette recherche de sens chez l'enfant s'observe dans son intérêt pour les jeux et les récits d'aventures permettant à son imaginaire de fonctionner à plein régime.

Ces capacités imaginaires sont un indicateur de sa recherche d'optimisme (voir chapitre 2, p. 46). Mais en retour l'imaginaire rend optimiste et les parents peuvent contribuer à l'enrichir.

Dans le champ de la littérature française, il existe un espace relativement autonome, celui de la littérature pour les jeunes. Au-delà des auteurs français, une preuve complémentaire en est apportée par les traductions et les adaptations des récits d'aventures anglo-américains adaptés ou traduits pour les jeunes, de *Moby Dick* au *Dernier des Mohicans* en passant par *La Case de l'oncle Tom* ou *Croc-Blanc.* J'ai fait partie d'une génération qui a lu ce qu'on a appelé alors la « Bibliothèque verte ». Dans cette collection, figuraient de nombreux romans d'aventures comme les classiques romans d'Alexandre Dumas ou de Jules Verne mais aussi *L'Île au trésor* de Stevenson, *Ivanhoé* de Walter Scott ou *Jerry dans l'île* de Jack London. J'ai également lu de nombreux livres de la Bibliothèque rose dont l'auteur principal était la comtesse de Ségur qui, sûrement pour des raisons sexistes de l'époque, ne m'avaient pas été donnés à lire en tant que garçon avant ceux de la Bibliothèque verte. Le succès planétaire des aventures d'Harry Potter se situe dans la droite ligne de cette curiosité, fil conducteur de cet esprit de découverte, de goût pour le mystère et la quête d'aventure, qui pousse vers la vie, le combat et l'action plutôt que vers le repli, l'enfermement ou la résignation.

L'enfant a besoin également de se construire des valeurs. Elles pourront être remises en cause à l'adolescence par le désir d'affirmer son autonomie et son identité vis-à-vis de sa famille et de ses parents. Mais ces valeurs ne pourront être mises en cause que si elles existent déjà. Les valeurs définissent l'état d'esprit des comportements communs, c'est-à-dire la culture de la famille comme on parle de culture de l'entreprise. Par les valeurs que les parents lui transmettent, l'enfant trouve un sens à ce qu'il fait et peut considérer comme un non-sens ce que font certains de ses camarades. Si un enfant est un interprète en quête de sens il ne peut l'interpréter que par rapport aux valeurs que ses parents lui font partager. Il se sent ainsi en harmonie au sein de sa famille, ce qui ne peut que faciliter les relations internes et externes au groupe familial, facteur déterminant, comme je l'ai souvent évoqué, d'un optimisme profond.

La liberté intérieure est difficile à définir et ne va pas de soi, mais elle est selon moi une condition incontournable, dès l'enfance, pour se sentir optimiste.

Un parent protecteur

Durant l'enfance et pas seulement dans les tout premiers temps, l'optimisme dépend du sentiment de sécurité qui s'est peu à peu intériorisé dans l'esprit de l'enfant grâce à ce que les parents ont pu lui donner dans ce qu'on appelle le *caregiving*[6]. Ce terme recouvre plusieurs attitudes qu'un parent doit privilégier pour permettre à son enfant d'intérioriser un sentiment de sécurité vis-à-vis de ce qui peut se passer le concernant dans un futur plus ou moins proche. Les recherches dans ce domaine permettent de conseiller quatre attitudes : une disponibilité émotionnelle suffisante, une adaptation au rythme de l'enfant sans pour autant lui donner le sentiment qu'il est le maître du monde, prendre en compte ses manifestations affectives de joie ou de peur et y répondre de façon appropriée, avoir confiance dans le fait que le comportement qui peut parfois être difficile va se modifier à mesure que l'enfant grandit.

Pour un enfant un peu plus âgé, chaque parent doit ajouter au *caregiving* précédent les recommandations de vigilance face aux dangers qu'il peut rencontrer. Savoir anticiper et informer son enfant sur les risques et les difficultés que la vie peut apporter justifie un pessimisme plus protecteur que négatif.

Un parent initiateur

Apprendre est la meilleure façon de surmonter l'inconnu, l'imprévu et donc l'angoisse. Chaque parent a ce souci de transmettre à son enfant comment gérer ses angoisses et comment susciter en lui un désir d'apprendre et de comprendre ce qui lui arrive. Il ne s'agit pas de communiquer avec son enfant pour communiquer mais de communiquer avec ces objectifs précis sans pour autant faire de la maison une école !

Chaque parent voudrait voir son enfant heureux et optimiste vis-à-vis de ce qu'il ressent et entreprend. Chaque parent voudrait aussi qu'il manifeste un désir d'apprendre, car il ne peut se débrouiller seul, il a tout à apprendre. La rencontre entre un adulte et un enfant nécessite, de la part de l'adulte, un désir de transmettre et non pas de « dresser » et, de la part de l'enfant, une envie de savoir et non pas d'« ignorer ». C'est dans ce désir de voir révélé ce qu'on suppose inaccessible ou dissimulé que l'espoir est capital : on croit cette démarche possible, parce qu'on croit en ses potentialités et celles des autres. Elle nécessite que l'adulte y croie : l'enfant désire savoir et croire : « Cet adulte-là désire m'apprendre. » Tout cela relève de l'optimisme.

C'est cette croyance et cet optimisme croisés sur le désir de l'autre qui incitent à fournir des efforts. Dans le cas contraire, le pessimisme prend le dessus sous la forme : « Il n'écoute rien de ce qu'on lui dit » pour l'adulte, et « Ça ne m'intéresse pas » pour l'enfant. Ce dernier reproche sous-entend non pas tant que l'enfant n'écoute pas les consignes ou les connaissances qui lui sont apportées mais plutôt qu'il n'écoute pas celui qui les donne, sous-entendu : « Il n'en fera rien. »

Initier l'enfant, c'est aussi savoir se mettre à son niveau. Il y a des méthodes éducatives où l'on apprend à l'enfant à se souvenir des belles choses, et de surcroît à s'attribuer le bénéfice de ces bons moments. L'autre voie, c'est savoir parfois retomber en enfance.

Ce que j'appelle la bonne régression. J'ai déjà insisté sur le fait de savoir jouer avec son enfant mais j'y reviens. Cela lui fera du bien mais à vous aussi. Une maman qui sentait son enfant plutôt replié sur lui-même, ayant peu d'amis, communiquant peu, en particulier avec elle, me dit avec beaucoup d'authenticité et de finesse qu'élevant seule son enfant, elle n'avait pas suffisamment de temps pour jouer avec lui, prise par son travail, l'organisation de la vie quotidienne et son souci de la scolarité. Je lui présentai une étude lue quelques jours auparavant et qui montrait que le jeu favorise chez l'adulte une force de caractère et suscite le bien-être et l'optimisme. La capacité ludique des adultes peut être testée par une évaluation globale cognitive et un instrument permettant de distinguer cinq types de comportements que l'on retrouve en jouant : être spontané, expressif, créatif, amusant et savoir avec humour être ridicule[7].

On songe vite à un risque d'infantilisation. Rassurez-vous, redevenir parfois enfant avec ses enfants a de très bons effets. C'est d'ailleurs ce que l'on fait lorsque l'on part en vacances, lorsque l'on joue ou que l'on s'amuse de bêtises avec eux. C'est bénéfique pour tout le monde. On retrouve en commun une sorte d'énergie, de déclic positif, de petite flamme qui correspond à un plaisir qu'on a tous en soi. Il faut savoir retrouver de tels moments. Il ne s'agit pas de rechercher à s'amuser à tout prix, mais de comprendre que la réalité n'est pas que négative. Pas de doute, on peut être à la fois optimiste et réaliste. Initier l'enfant de cette façon c'est lui permettre d'intérioriser cette capacité d'être optimiste et réaliste.

Il est important aussi d'inciter l'enfant à réagir avec humour aux situations qui peuvent l'angoisser ou l'agresser. En rappelant ici qu'il faut privilégier un humour suscitant un lien positif avec l'autre plutôt qu'un humour agressif, ironique et autodéfaitiste. Lors d'un dîner entre amis, il était question d'un changement de gouvernement et de ministres. Les points de vue étaient variés et le ton risquait de monter. La maîtresse de maison qui avait invité ces amis dit alors : « Je ne voudrais pas être ministre de... de..., en fait peut-être Premier ministre. » Tout le monde se détendit et un enfant de cette amie présent à ce dîner âgé de 10 ans dit alors en riant : « Bravo Maman, je serai ton bras droit, mais pas ton chauffeur », ajouta-t-il. Cette mère avait un humour « positif » qu'elle avait incontestablement su transmettre à son fils.

Apprendre selon l'âge à mieux gérer ses angoisses

L'angoisse, dès l'enfance, par l'appréhension et le malaise qu'elle suscite est la source directe de pensées pessimistes. Mais heureusement, l'enfant acquiert tôt dans sa vie et tout au long de son développement des ressources mentales et comportementales qui l'aideront à faire face à ses angoisses et à l'émergence de pensées pessimistes. On appelle cela en psychologie des « mécanismes de défense » ou de *coping* (faire face). Il est bon de les valoriser.

Ce qui favorise l'utilisation des ressources internes[8]

Il est possible de favoriser chez l'enfant ou l'adolescent l'utilisation de ses ressources internes afin qu'il s'adapte aux situations et se sente plus apte à y faire face. Certaines, selon la situation ou le contexte, sont meilleures que d'autres. Il est ainsi préférable de réagir à une situation désagréable avec humour qu'en fuyant le problème ou en faisant retomber la faute sur les autres, ce qu'on désigne sous le terme de « projection ».

Dès l'âge de 2 ans, on peut repérer ce mécanisme mental de « projection », c'est-à-dire le fait d'attribuer ce qui vous arrive de désagréable ou de pénible à des facteurs externes à soi. L'enfant, ayant fait une bêtise et se faisant gronder, jettera alors dans la corbeille un de ses jouets, le nommant ou montrant par sa mimique qu'il est « méchant ». On entendra volontiers à partir de 3 ans : « C'est pas moi, c'est lui ou elle. » Ce mécanisme de « projection » restera présent tout au long de l'enfance. Il s'atténuera lorsque le sentiment de culpabilité se construira, signe d'une capacité d'autoattribution des « erreurs » ou des « fautes ». Mais si le mécanisme de « projection » devient systématique, ce peut être le signe d'un enfant plus pessimiste qu'il ne le devrait et il faut lui apprendre d'autres moyens de se défendre.

À partir de 4 ans, l'enfant peut utiliser une panoplie plus large de ses ressources mentales pour se dégager de ce qui l'angoisse ou l'agresse. On peut lui conseiller concrètement de « mettre à l'écart » de ses pensées ce qui l'angoisse. Il pourra alors agir pour résoudre, dans un jeu avec un autre enfant, la crainte d'être dépassé, il pourra s'affirmer quand le besoin s'en fait sentir, il deviendra capable de « demander de l'aide » quand il ne sait pas faire quelque chose. La « mise à l'écart », l'« action », le « recours à autrui » et l'« affirmation de soi » sont de bonnes ressources pour se protéger des tourments de cet âge. Un enfant qui ne manifeste pas ces possibilités courra le risque d'être davantage envahi par ses angoisses et donc d'être plus pessimiste face à ce qui arrive.

À partir de 6 ans, la panoplie s'élargit, allant de la « formation réactionnelle » (« J'ai pas peur des grands à l'école ») à la « rêverie solitaire » en passant par l'« isolation des sentiments » (« Je ne suis pas sensible comme ma sœur ») ou le refoulement (« Je ne me souviens de rien de quand j'étais plus petit »). Ce n'est pas le plus efficace pour se protéger des angoisses de cet âge, elles peuvent même masquer un risque de pessimisme latent. Il est donc préférable de repérer ces ressources pour en proposer de meilleures, comme celles vues précédemment.

À l'adolescence, on assiste à un remaniement de tout ce qui a été développé au cours de l'enfance avec l'apparition de nouvelles ressources dues aux nouveaux enjeux de cette période : l'accès à tous les possibles, la découverte des premières fois et la représentation de sa propre identité. Les heures interminables en discussion et en reconstruction du monde sont le signe d'un goût pour l'« intellectualisation » qui protège des angoisses pulsionnelles sexuelles et agressives. La difficulté d'accepter les compromis, le pour et le contre, l'accord et le désaccord signe un besoin d'« intransigeance » qui permet d'échapper à l'angoisse du doute. Le refus de transiger, d'attendre ou de négocier en est la manifestation la plus apparente. Il faut bien comprendre que cette défense n'est qu'une protection de façade contre un manque de confiance en soi et une vraie difficulté à supporter les limites et les contraintes de la réalité. À cet âge, on peut plutôt favoriser l'« identification », ressource protectrice contre le risque d'ennui et de solitude. Cette ressource permet aux adolescents de s'appuyer sur des références, des modèles (certains adultes, les parents, etc.) ou des idéaux pour ne pas se sentir seuls face aux problèmes qu'ils peuvent rencontrer. L'importance des échanges dans cette tranche d'âge, grâce aux réseaux sociaux, en est un des facteurs. Les modèles d'« identification » ne doivent pas être totalement ignorés des parents, car leur bénéfice dépend de vers qui l'adolescent se sent attiré.

Comprendre que les enfants disposent de différents moyens pour faire face à ce qui pourrait les angoisser et qu'il en existe de meilleurs que d'autres est une forme de prévention au pessimisme.

Des recommandations concrètes

Comment encourager l'optimisme et les pensées positives chez les enfants ? Je présente ici plusieurs pistes, en laissant à chacun la liberté de choisir celles qui lui conviennent.

Êtes-vous frustré d'entendre votre enfant murmurer régulièrement : « Je ne ferai jamais partie de l'équipe, à quoi bon me battre », ou : « Je ne peux pas obtenir un A, c'est pour les meilleurs. » Les enfants d'aujourd'hui font face à une pression scolaire et sociale énorme, mais se résigner n'est pas sain.

Les recettes du professeur Seligman

Comme les travaux du professeur Seligman l'ont prouvé, les parents peuvent aider les enfants à développer la résilience et la force mentale dont ils ont besoin pour surmonter les petites choses de la vie comme les plus grands défis. Ce professeur, mondialement connu, directeur du Penn Prevention Program (*cf.* chapitre 15, p. 225), décrit les trois avantages de l'optimisme : une plus grande performance scolaire ou extrascolaire, une meilleure santé et la motivation pour continuer d'essayer d'avancer quand les contraintes ou les obstacles se présentent.

Je présente ici les huit conseils pratiques qu'il recommande aux parents et aux enseignants.

1. Apprenez à repérer ses pensées négatives. Les enfants expriment souvent des pensées négatives à haute voix : « Mes cheveux sont moches », ou « Je n'ai pas d'amis ». Aidez votre enfant à rejeter ces pensées. Arrêtez-vous quelques instants et discutez avec lui de son « dialogue interne ». Encouragez votre enfant à noter, dans un carnet, ses pensées comme « mauvaises croyances » ou notez-les avec son accord.
2. Parlez avec votre enfant (au petit déjeuner, ou sur le chemin de l'école) de ce qui pourrait arriver dans la journée. Demandez-lui d'en faire autant : « Je vais avoir la chance de présenter mes dessins », ou : « Je pourrais me faire un nouvel ami ». L'idée est de ne pas avoir peur

de parler des événements à venir, mais se concentrer sur les joies potentielles plutôt que les craintes de l'inconnu.

3. Si vous lui faites part d'une contrariété, un obstacle ou un blocage, envisagez-la avec le sourire : « Je pense que je peux y arriver. » Proposez-lui de faire de même quand il se sent bloqué. Vous lui montrez ainsi que vous êtes dans le même bateau. Le soutien social stimule l'optimisme.

4. Essayez de nouvelles choses : aller dans un nouvel endroit, cuisiner et manger un nouvel aliment pour le dîner. Lorsque vous rencontrez quelqu'un de nouveau, soyez le premier à vous présenter. Discutez avec votre enfant des avantages de l'ouverture à de nouvelles expériences.

5. Aidez-le à revoir ses explications des situations délicates. Même pour les optimistes, les choses ne se passent pas toujours très bien. Ce qui importe est de savoir comment les enfants donnent un sens à des situations indésirables. Passez des évaluations personnelles globales à des évaluations plus spécifiques. Par exemple, « Je n'ai pas réussi le test parce que je suis stupide… Je ne serai jamais bon en maths » est une évaluation pessimiste trop globale sous-tendant un sentiment d'impuissance. Alors que : « Je n'ai pas réussi parce que je ne comprenais pas le problème… J'ai besoin de faire plus d'exercices » permet l'adaptation active. Pour aider votre enfant à adopter un point de vue différent, posez des questions directes, telles que « Quelles autres explications peux-tu avoir ? » et « Que peux-tu faire différemment la prochaine fois ? ».

6. Encouragez votre enfant en commentant ses progrès, et pas seulement le résultat.

7. Soyez un « constructeur de compétences ». Les compétences des enfants se développent progressivement. Faites-lui lire un livre ou regarder une vidéo qui favorise une compétence que votre enfant veut acquérir comme l'apprentissage d'une langue étrangère. Encouragez-le à s'adresser à un tiers compétent pour obtenir des conseils. L'enfant plutôt pessimiste doit commencer par s'améliorer sur des choses simples, puis passer à de plus grands défis. Cela le renforce dans l'idée que beaucoup de choses peuvent s'apprendre.

8. Apprenez-lui à reconnaître le bon quand il arrive. Certains chercheurs croient que nous sommes génétiquement programmés pour accorder plus d'attention aux mauvaises nouvelles qu'aux bonnes, parce que les mauvaises nouvelles nous aident à survivre à des situations dangereuses. En se focalisant sur ce qui ne va pas, on diminue le poids de tout ce qui va bien. Avant de se coucher, passez en revue avec votre enfant les « trois bonnes choses » qui sont arrivées aujourd'hui et décrivez ce que cela produit comme effet.

Mon trousseau à cinq clés

Adapté d'une série de romans pour jeunes adultes et dans l'esprit de *Hunger Games,* film qui a connu un grand succès auprès des adolescents, le film *Divergente* se déroule dans un futur « postapocalyptique », où la société est organisée en cinq factions : « Altruistes », « Audacieux », « Érudits », « Sincères », « Fraternels », ainsi qu'une sixième faction, celle des « Sans faction ». Dans ce monde, qu'advient-il de ceux qui ne peuvent pas les intégrer ou veulent en changer ?

Béatrice a été élevée au sein de la faction des « Altruistes », dévoués aux autres. Cependant, à l'âge de 16 ans, chaque jeune doit se rendre à la cérémonie du Choix, pour choisir sa faction. Généralement, le jeune choisit la faction dans laquelle il a été élevé, notamment pour ne pas être séparé de sa famille. Mais Béatrice se révèle être une « Divergente », c'est-à-dire qu'elle va choisir une autre faction, celle des « Audacieux ». Son frère Caleb changera également de faction pour choisir les « Érudits ».

Le succès de ces histoires montre que les adolescents d'aujourd'hui sont passionnés par la manière dont on peut imaginer un futur fantastique et apocalyptique et y combattre. N'est-ce pas un signe d'optimisme latent toujours présent chez les jeunes d'aujourd'hui ? Je propose ici quelques clés générales pour le favoriser ou le rendre encore plus présent dès l'enfance et un carnet d'observation de dix exercices pour les appliquer concrètement.

1. La clé de la découverte et de l'émerveillement

La découverte est un plaisir chez l'enfant. Elle est d'autant plus importante qu'un enfant peut facilement s'émerveiller. Qui n'a pas vu les yeux d'un petit s'écarquiller devant les lumières multicolores, scintillantes et clignotantes d'une guirlande, d'un jouet mobile, bruyant ou très beau à ses yeux ? Qui n'a pas vu la fierté d'un plus grand après avoir réussi à monter un Lego, réussi un jeu ou trouvé une solution à un problème que son voisin n'a pas su faire ? Qui n'a pas vu un adolescent revenir enthousiaste et émerveillé d'un voyage qu'il a fait pour la première fois avec ses amis ou des possibilités de son nouveau smartphone ?

• Les attitudes qui alimentent ce plaisir et nourrissent son optimisme sont les suivantes :
– favoriser sa curiosité ;
– l'aider à explorer la beauté du monde ;
– lui permettre d'utiliser ce qu'il a découvert ;
– favoriser son esprit de « chercheur » ;
– lui permettre d'expérimenter des succès.
• Les attitudes qui contrarient ce plaisir :
– le laisser chercher sans limite, cela ne renforcera que son sentiment d'impuissance ;
– trop le laisser se disperser l'amènera à de fréquentes déceptions ;
– les interdits trop inhibants.

2. La clé de l'encouragement

L'encouragement est un facteur essentiel de réussite et donc d'optimisme. Les enfants ont besoin d'être encouragés quand ils n'osent pas faire quelque chose par peur excessive des risques que l'adulte, lui, considère de façon plus réfléchie. Aller à la rencontre d'un groupe de voisins où l'enfant ne connaît personne peut l'impressionner. En tant que parent, on peut aussi sans le vouloir risquer de décourager son enfant.
• Les attitudes qui encouragent :
– lui faire confiance ;
– l'aider à s'engager dans des activités, des projets, des relations qui peuvent lui apporter des satisfactions personnelles ;
– regarder les erreurs comme des opportunités d'apprentissage ;
– souligner les succès pour en favoriser de nouveaux.
• Les attitudes qui s'y opposent :
– être débordé par son anxiété de parent ;

– instaurer des interdits sans raison ;
– penser que tout est joué avant 5 ans ;
– le laisser s'entourer de gens négatifs.

3. La clé de la pensée optimiste

On connaît plus précisément la manière dont les personnalités optimistes analysent ce qui se passe ou ce qui leur arrive. Comme nous l'avons déjà dit, ce mode de pensée optimiste se construit dès l'enfance.

• Les attitudes qui la favorisent :
– lui montrer ce qui nous a aidé à envisager un problème de façon plus optimiste que pessimiste ;
– lui apprendre à penser comme le font les enfants optimistes qu'il côtoie ;
– lui apprendre à manier l'humour.

• Les attitudes qui s'y opposent :
– penser soi-même de façon trop systématiquement pessimiste ;
– contredire systématiquement l'autre parent dès qu'il fait preuve d'optimisme sur un problème qui concerne chacun ;
– faire preuve d'un optimisme béat. Intuitivement, l'enfant n'est pas dupe de l'artifice que cela comporte.

4. La clé de l'effort

L'effort est un signe d'optimisme. Il s'oppose à la paresse ou à la facilité vers lesquelles on va naturellement. Il se concrétise dans un projet, un espoir de le réussir, une sortie des habitudes.

• Les attitudes qui le favorisent :
– suivre une seule intention ;
– favoriser sa combativité pour réussir ce qu'il entreprend ;

– favoriser sa ténacité pour réussir ce qu'il entreprend ;
– favoriser la prise de conscience de ses propres efforts dans ce qui l'a amené à réussir.

• Les attitudes qui découragent l'effort :
– demander à un enfant ce qu'il n'est pas capable de faire : chaque enfant est différent, a une physiologie différente plus ou moins énergique et active, une intelligence différente ; dire « Ta sœur ou ton frère y est bien arrivé » n'est pas toujours adapté ;
– proposer des occupations passives ; il en trouvera déjà trop par lui-même ;
– le laisser vivre dans une vie ou des jeux imaginaires qui occupent trop son esprit.

5. La clé de l'affiliation : savoir aller vers les autres

La quête de l'autre existe dès la naissance. Elle est d'abord nécessaire à la survie. Peu à peu, cette quête devient plus affective et relationnelle. L'image de soi dépend aussi du regard que l'autre a sur vous. Elle s'enrichit des apports que la relation à l'autre comporte... Le dicton « Qui se ressemble s'assemble » est particulièrement juste dans l'enfance. La découverte de la complémentarité de l'autre se fait progressivement et nécessitera de se retrouver par moments avec des « identiques » à soi-même. Mais l'enfant peut être plus ou moins inhibé en particulier dans ses liens avec les autres ; ceux ayant une tendance plutôt pessimiste y sont plus enclins. Il faut d'autant plus les aider à entrer en contact avec les autres. Favoriser ses relations sociales, son empathie en particulier avec des enfants plutôt optimistes est une clé importante.

• Les attitudes qui la favorisent :
– s'intéresser à ses liens sociaux ;

– lui dire qu'un bon attachement est toujours possible ;
– le faire rencontrer des enfants qui lui ressemblent ;
– favoriser ses capacités sociales en particulier avec des enfants plutôt optimistes.

• Les attitudes qui isolent :
– le garder trop pour soi ;
– imaginer qu'il aime surtout être seul.

Un carnet d'observations de dix exercices

Il est possible de compléter ces cinq clés en mettant en application les « dix recommandations » à garder à l'esprit.

En me rappelant cette belle maxime d'Einstein : « Il faut rendre les choses complexes aussi simples que possible mais pas plus simples que possible », je propose ces « dix recommandations » que chacun peut suivre selon ses goûts et ses convictions. Je les présente en allant des plus simples aux plus complexes et conseille de les consulter régulièrement afin qu'elles s'inscrivent naturellement dans l'esprit de chacun et deviennent un réflexe spontané. En cas de moments difficiles ou de pessimisme, elles suscitent des doutes mais sont d'autant plus utiles. Quand on doit prendre sa voiture même si on n'en a pas envie, on est prêt à prendre le volant en sachant qu'on sait quand même conduire. Le principe est le même, sachons nous créer les automatismes qui nous rendent efficaces. Cela ne nous empêche pas de réfléchir aux problèmes de la vie et d'être lucide. Et cela s'apprend dès l'enfance. Aider l'enfant à être plus optimiste sur ce qu'il entreprend exige plusieurs attitudes.

1. *Faire remonter les bons souvenirs* est le premier « exercice » qui a montré le plus d'efficacité. Le recours à la mémoire fonctionne toujours bien. Bien sûr, il est recommandé de se souvenir des bons moments de sa journée plutôt que des bêtises. Même par un jour pluvieux qui n'a enchanté personne, il n'y a pas que des mauvais moments. Le soir, avant d'aller se coucher, aussi bien pour les enfants que pour les parents, il peut être bénéfique de se rappeler le ou les bons moments de la journée. Cela est encore plus nécessaire quand on est sujet au cauchemar. Cette recette peut paraître naïve mais exercée régulièrement avec éventuellement un rappel sur une fiche de recommandations épinglée sur le mur de la cuisine, à côté d'une excellente recette de gâteau, elle a montré son efficacité. Au-delà de ces rappels agréables, dans des moments où l'enfant semble plutôt pessimiste sur sa scolarité, ses relations avec ses amis ou sa vie familiale qu'il critique, il est utile, sans refuser ni occulter son point de vue, de faire remonter les bons souvenirs dans ces différents domaines.

Cela permet entre autres de comprendre les thérapies qui cherchent à clarifier et à confronter le sujet à ce qu'il s'est représenté de son vécu.

2. Proche de l'« exercice » précédent, il faut savoir *rappeler ses succès pour en favoriser de nouveaux*. Il vaut mieux commencer par ce qu'il a réussi dans ce qu'il aime que dans ce qu'il a du mal à supporter. S'il se montre pessimiste sur ses capacités scolaires à la suite de mauvaises notes ou d'une menace de redoublement, il vaut mieux commencer la discussion sur ce qu'il aime, ses succès dans ses jeux, son sport favori, le choix de ses amis. Il sera moins réticent pour

discuter ensuite des réussites qu'il a pu avoir dans telle ou telle matière ou grâce à tel ou tel enseignant.

3. *Favoriser la prise de conscience de ses propres efforts* dans ce qu'il a réussi. Ce point est plus important qu'on l'imagine. L'enfant envahi par un pessimisme sur lui-même est toujours prêt à attribuer à autrui ou aux circonstances ce qu'il a réussi. Contrairement à ce qu'il peut manifester dans certains de ses jeux, où il peut se montrer tout-puissant et habité par une image idéalisée de lui-même, quand il redescend sur terre, ce point de vue peut devenir plus négatif. Lui rappeler que lui seul est à l'origine de ses réussites est un bon moyen de le valoriser.

4. *Favoriser la confiance en lui* en sachant le stimuler sans lui mettre la pression. Les attitudes jusque-là décrites le permettent. Grâce à ce que vous lui avez dit, en lui rappelant ses capacités, il reprend confiance en lui, son estime de lui s'améliore, il devient plus réceptif à ce que vous pouvez lui proposer pour la renforcer. Les parents doivent savoir devenir les « supporters » de leur enfant[9]. Savoir regarder le mauvais mais surtout prendre conscience du bon côté des choses. Par exemple, regarder ceux qui réussissent moins bien que lui plus souvent que ceux qui réussissent mieux que lui[10].

Cela peut demander du temps, mais c'est une attitude payante. Ce dialogue restaure une communication affective plus agréable, tout le monde est gagnant. L'enfant qui manque de confiance en lui devient pessimiste et l'enfant pessimiste manque de confiance en lui. C'est ce cercle vicieux qu'il faut inverser en le remplaçant par ce cercle vertueux : agir sur la confiance agit sur le moral, agir sur le moral favorise la confiance.

5. *Favoriser sa combativité* lui permettra de réaliser ses désirs. Un échec peut vous rendre plus fort. « Les comeback » des vedettes : un modèle auquel les adolescents sont sensibles.

6. *Favoriser sa ténacité pour réussir ce qu'il entreprend.* Jade, une petite fille dont j'ai déjà parlé, à l'optimisme manifeste quand elle avait 6 ans, m'a laissé un souvenir marquant. Lorsqu'elle avait 3 ans, j'ai assisté discrètement à une scène qui m'a émerveillé et m'a amené à penser : « Mais quelle ténacité, quel optimisme à cet âge ! » Alors qu'elle avait incontestablement l'intention de regagner la chambre des enfants après avoir joué dans la salle à manger familiale, je l'ai vue ramasser ses jouets épars sur le sol jusqu'à ce qu'elle puisse tous les prendre dans ses bras pour les ramener dans le coffre à jouets de sa chambre. Cela n'a pas été facile, a nécessité plusieurs essais infructueux, plusieurs maladresses de son âge, mais rien n'y a fait... elle y est arrivée... seule. Son optimisme déjà manifeste s'est confirmé par la suite.

7. *Favoriser sa curiosité.* La capacité de s'étonner et celle d'admirer sont caractéristiques des personnalités optimistes. Susciter l'étonnement, l'admiration et la curiosité rend votre enfant encore plus optimiste qu'il l'est spontanément. Curieux naturellement, l'enfant est toujours prêt à admirer ce qui est nouveau. À l'origine, dans le français ancien, qui est encore celui de Montaigne, admirer est synonyme de s'étonner.

La curiosité de l'enfant est toujours prête à s'éveiller. Il suffit de la stimuler. Rimbaud écrit dans son fameux poème « Le bateau ivre » : « J'aurais voulu montrer aux enfants ces dorades du flot bleu, ces poissons d'or, ces poissons chantants ». Rimbaud nous montre le chemin par l'imaginaire. Mais on peut aussi raconter quand l'enfant grandit, et qu'il apprend ce poème à l'école, qu'il fut un des textes préférés de Gabriel García Márquez. On pourra alors raconter à l'enfant que ce célèbre écrivain reprit cette référence aux poissons d'or dans son premier roman majeur dont il termina l'écriture à Paris *Pas de lettre pour le colonel*, un colonel fabriquant de petits poissons d'or. En ajoutant que l'auteur de *Cent Ans de solitude* fut inspiré « par [son] propre grand-père », Nicolás Márquez, qui, après avoir été militaire, s'était reconverti dans la bijouterie. Enfant, Gabriel García Márquez écoutait les histoires des survivants de la guerre civile des Mille Jours (1899-1902) et le massacre des Bananeraies (1928), deux événements historiques en Colombie qui ont été transposés de manière poétique dans *Cent Ans de solitude*. Les belles histoires mêlant le romanesque et l'Histoire touchent les enfants, qui écoutent volontiers les récits de leurs grands-parents. La curiosité et l'identification aux héros plus ou moins romanesque suscitent un désir de s'engager dans de belles aventures.

8. *Favoriser ses relations sociales,* son empathie en particulier avec des enfants plutôt optimistes est un moyen très concret, correspondant à la clé 5 évoquée précédemment, p. 280.

9. *Apprendre à penser comme le font les enfants optimistes,* se détourner des regrets et de la culpabilité, car l'enfant éprouve des sentiments de culpabilité qui, pour un oui, pour un non, tiraillent sa conscience et lui laissent penser qu'il a fait « quelque chose de mal ».

10. Je cite en dernier cette recommandation mais ce n'est pas la moindre : *lui accorder des moments pour jouer, s'amuser, rire et rêver.*

Dix minutes par semaine d'un jeu particulier parents-enfants

Comme les héros des bandes dessinées ou des jeux informatiques, il s'agit de construire un jeu contre l'ennemi : le pessimisme. Ce jeu contient des cartes que chacun peut remplir par un texte, des figurines et des couleurs différentes.

On commence par fabriquer les cartes que l'on peut personnaliser avec des crayons de couleur.

Sur chaque carte est inscrit le nom de chacun des membres de la famille qui acceptent de jouer et d'être honnêtes avec ce qu'ils écrivent ou dessinent. La règle de la confidentialité consiste à signer un papier stipulant que les informations recueillies ne sortiront pas du cadre familial.

Chaque carte contient deux rectangles.

Dans le premier rectangle, chaque joueur écrit ou dessine la chose importante qui, selon son point de vue, lui est arrivée au cours de la semaine et qui l'a rendu optimiste, confiant, satisfait, heureux ou fier (une note à l'école, une rencontre avec un camarade, une sortie en famille, une dispute avec un parent, un frère ou une sœur, ce que quelqu'un a dit à son propos, etc.).

Dans le second rectangle, chaque joueur écrit ou dessine ce dont il rêve, ce qu'il espère et les moyens qu'il envisage pour réussir ce qu'il a à faire.

Chaque joueur doit évaluer à tour de rôle ce que contient d'optimiste chaque carte des autres joueurs et noter en commençant par A (le plus optimiste) pour finir par E (le moins optimiste). Les exagérations ou les mensonges sont vite repérés et ne doivent pas être jugés négativement mais plutôt être l'occasion d'un trait d'humour. Le but n'est pas de juger et encore moins de culpabiliser mais plutôt de s'amuser et de s'évaluer.

Le score de chacun est conservé et comparé aux scores précédents afin d'observer si l'optimisme s'améliore. Une récompense sera prévue pour celle, celui ou ceux qui sont le plus en progrès.

Il est aussi possible pour chaque joueur de consulter sa carte entre deux rendez-vous pour constater sa progression ou se remémorer ce qu'il aime penser quand il a besoin de se sentir plus optimiste.

Ce jeu peut durer le temps que les joueurs souhaitent. Il peut être interrompu et repris à un moment où il rendra service aux enfants. Il peut être pratiqué dès que l'enfant sait dessiner et commence à écrire et jusqu'à la fin de l'adolescence. Pour les plus jeunes, un des parents retranscrira ce que dit l'enfant. Pour ceux sachant déjà se débrouiller en informatique, il est possible de réaliser les cartes sur l'ordinateur sous formes de fiches.

Être un parent optimiste : les bonnes idées sont inépuisables

Les neurosciences ont mis en lumière la capacité infinie d'innovation des êtres humains qui peut aussi contribuer à améliorer le bien-être et l'optimisme de chacun. Chaque jour de la naissance à l'adolescence et, on le sait maintenant, bien au-delà, de nouveaux neurones se créent. Le cerveau effectue un tri parmi ceux qu'il va utiliser et ceux qui, faute d'être mobilisés, disparaissent. Cultiver ses passions en regardant un match de foot ou de tennis, dans la lecture ou le cinéma, dans l'astrophysique ou l'entretien de son jardin, serait le remède le plus efficace pour garder l'optimisme de la vie que le bébé manifeste en s'émerveillant du sein ou du sourire de sa mère si nécessaire à son bien-être. Plus simplement, optimiser les potentialités de ses enfants pour leur permettre d'être le plus optimiste possible, surtout quand les choses vont mal, est une valeur sûre.

Pour cela, il ne faut pas se priver d'innover dans ce domaine, en particulier face aux difficultés du monde futur que l'on pressent. Ces innovations doivent tout autant venir des parents que du système éducatif. Et pour ce dernier, l'enseignement traditionnel ayant montré ses limites, l'optimisme devient vraiment un sujet auquel il convient de s'intéresser concrètement.

CONCLUSION

Écartons les clichés trop faciles sur l'optimisme : l'optimisme béat, c'est voir la vie en rose, fuir, ou pire encore dénier, la réalité. Le pessimisme serait-il le seul signe de lucidité, de courage et d'intelligence ? Les penseurs tristes et leurs théories négatives s'affirmeraient-ils comme les seuls porteurs d'un message de vérité ? Toutes les recherches scientifiques sur les enfants, comme sur les adultes, prouvent aujourd'hui le contraire. Les enfants optimistes ont une vie plus heureuse, sont en meilleure santé et réussissent mieux leurs études. On en a aujourd'hui la confirmation. Les traits de personnalité ont une part d'inné, mais difficile à évaluer réellement. Ils sont essentiellement favorisés par un contexte culturel et une éducation qui donne à l'enfant confiance en lui, optimise ses qualités et n'oublie pas les critiques quand elles sont nécessaires.

Face à un avenir ressenti comme sombre, une spirale éducative, s'appuyant initialement sur le besoin d'optimisme de l'enfant et ce qui en découle, s'avère nécessaire, tout autant à la maison qu'à l'école. Cette nouvelle approche éducative préparera mieux les enfants à l'avenir. Si chaque parent peut jouer son rôle, l'école doit aussi s'y consacrer. L'accès au travail, tel qu'il se présentera demain, nécessitera beaucoup plus d'intelligence créative et sociale que de connaissances académiques[1]. Développer l'optimisme des enfants est une façon d'alimenter le creuset de leur confiance en eux, de leurs qualités, de leurs forces, de leur bien-être, avec lesquels ils auront le plus de chances de réussir, chacun à leur manière. Cette nouvelle attitude dépasse la simple correction du pessimisme, qui, ne l'oublions pas, permet aussi et selon les circonstances d'apprendre à l'enfant à rester vigilant.

Éduquer les enfants ce n'est pas seulement les consoler et ne pas vouloir les contrarier, c'est davantage que cela. C'est identifier et valoriser leurs qualités et leurs forces, facteurs de motivation et de confiance en soi ; c'est ne plus chercher seulement à corriger leurs défauts, mais penser qu'ils peuvent le faire par eux-mêmes. Vouloir qu'ils restent heureux et optimistes comme quand ils étaient bébés n'est pas suffisant, *il est possible de les préparer à devenir les contestataires de leurs propres pensées pessimistes.*

L'optimisme se communique. Votre optimisme rendra votre enfant optimiste et plein de vie. Comme avec cette petite fille qui me demandait de « lui raccommoder [sa] vie », chaque parent peut avoir comme devise : espérer de l'avenir. Transmettre cette espérance à son enfant lui ouvrira le chemin de l'optimisme pour être plus heureux. Si vous êtes pessimiste, rien n'est perdu, car votre enfant pourra vous aider à replonger dans l'insouciance. Entre vous et lui, ce sera alors gagnant-gagnant.

Grâce aux travaux consacrés à ce sujet depuis plus de trente ans, les parents et l'entourage peuvent maintenant apprendre aux enfants à développer leur manière de voir la vie de façon plus optimiste, dès la toute petite enfance et au moins jusqu'à l'adolescence. Le monde futur en a bien besoin. Adultes, parents ou non, nous savons que notre enfance a joué un rôle important dans notre existence, dans notre façon de voir le monde, de rencontrer les gens et de mener une vie la meilleure possible. On pourrait ainsi paraphraser Baudelaire[2] : « L'optimisme, c'est l'enfance retrouvée à volonté. »

NOTES ET RÉFÉRENCES BIBLIOGRAPHIQUES

Introduction

1. L'enfant peut tout autant être une fille qu'un garçon.

PREMIÈRE PARTIE
MON ENFANT EST-IL OPTIMISTE ?

1. C. Peterson, « The future of optimism », *American Psychologist*, 2000, 55 (1), p. 44-55.
2. L. Tiger, *Optimism : The Biology of Hope*, New York, Simon et Schuster, 1979.

Chapitre 1
Naît-on optimiste ?

1. P. Emmanuel, « Oui », *Anthologie poétique*, préface d'Anne-Sophie Constant, Éditions de Corlevour, « Revue Nunc », 2014.
2. P. Schulman *et al.*, « Is optimism heritable ? A study of twins », *Behavior Research and Therapy*, 1991, 31 (6), p. 569-574.
3. R. Plomin *et al.*, « Optimism, pessimism and mental health : A twin/adoption analysis », *Personality and Individual Differences*, 1992, 13 (8), p. 921-930.
4. P. Schulman *et al.*, « Is optimism heritable ? A study of twins », *op. cit.*
5. M. Zentner, R. L. Shiner, *Handbook of Temperament*, New York, The Guilford Press, 2012.
6. *Ibid.*, p. 54.
7. *Ibid.*, p. 382.

8. T. Sharot *et al.*, « Neural mechanisms mediating optimism bias », *Nature,* 2007, 450 (7166), p. 102-105.
9. M. K. Rothbart, *Becoming Who We Are : Temperament and Personality in Development,* New York, Guilford Press, 2011.
10. Je parle ici de la mère, du maternel et du maternage, tout en sachant qu'il s'agit en fait du personnage et des personnages qui prennent le plus soin du bébé.
11. D. W. Winnicott, *De la pédiatrie à la psychanalyse,* Paris, Payot, 1989.
12. A. Braconnier, *Optimiste,* Paris, Odile Jacob, 2014.
13. J. Lecomte, *La Bonté humaine,* Paris, Odile Jacob, 2012, p. 227.
14. J. D. Lichtenberg, *Psychoanalysis and Infant Research,* Hillsdale, Lawrence Erlbaum, 1983.
15. M. Klein (1952), *Développement de la psychanalyse,* Paris, PUF, 1980.
16. N. et A. Guedeney, *L'Attachement, concept et applications,* Paris, Masson, 2002.
17. P. Fonagy, « Measuring the ghost in the nursery : An empirical study of the relation between parents' mental representations of chilhood experiences and their infants' security of attachment », *Journal of the American Psychoanalytic Association,* 1993, 41, p. 957-989.
18. A. Bandura, « Self-efficacy : Toward a unifying theory of behavioral change », *Psychological Review,* 1977, 84, p. 191-215.
19. M. F. Scheier, C. S. Carver, « Optimism, coping, and health : Assessment and implications of generalized outcome expectancies », *Health Psychology,* 1985, 4 (3), p. 219-247.

Chapitre 2
L'optimisme entre 2 et 5 ans

1. J.-C. Rufin, *Immortelle Randonnée. Compostelle malgré moi,* Paris, Éditions Guérin, 2013.
2. C. George, J. Solomon, « Representational models of relationship : Links between caregiving and attachment », *Infant Ment. Health,* 1996, 17, p. 198-216.

Chapitre 3
L'optimisme entre 5 et 10 ans

1. C. André, *Vivre heureux. Psychologie du bonheur,* Paris, Odile Jacob, 2003.
2. J. Malka, *Le Désir d'apprendre. Enjeux et dynamiques de la relation d'apprentissage,* préface de Vincent Moreau, Paris, L'Harmattan, « Rue des Écoles », 2014.
3. M. F. Scheier, C. S. Carver, « Optimism, coping, and health », *op. cit.*
4. C. Peterson, C. Clark, « Learned helplessness and explanatory style », *in* D. F. Barone, V. B. Van Hasselt, M. Hersen (éds), *Advanced Personality,* New York, Plenum Press, 1998.
5. S. Nolen-Hoeksema, J. S. Girgust, M. E. P. Seligman, « Sex differences in depression and explanatory style in children », *Journal of Youth and Adolescence,* 1991, 20, p. 233-245.

6. G. Hearn, « Entertainment manna : Does television viewing lead to appetitive helplessness ? », *Psychological Reports*, 1991, 68, p. 1179-1184.
7. C. Peterson, T. A. Steen, « Optimistic explanatory style », *in* C. R. Snyder, S. J. Lopez (éds), *Handbook of Positive Psychology*, Oxford, Oxford University Press, 2e édition, 2009.
8. S. Missonnier, *Devenir parent, naître humain*, Paris, PUF, 2009.
9. S. Anchor, *The Happiness Advantages*, New York, Crown Business, 2010.
10. E. Kestemberg, « Contribution à la perspective génétique en psychanalyse », *Revue française de psychanalyse*, 1966, 30 (5-6), p. 441- 522.

Chapitre 4
L'adolescent peut-il être optimiste ?

1. B. Golse, *Sexe, sexuel, sexualité*, préface en collaboration avec A. Braconnier, Toulouse, Érès, 2014.
2. Documentaire diffusé le 19 octobre 2014 sur France 2 et en salles le 22 octobre 2014.
3. G. Anderson, « The benefits of optimism : A meta-analytic review of the life orientation test », *Personality and Individual Differences*, 1996, 21 (5), p. 719-725.
4. O. Galland, *Le Monde*, 31 juillet 2013.
5. Chercheurs de l'Imperial College London (UCL) et du King's College London, au Royaume-Uni, revue *Biological Psychiatry*, cité par le site Univadis le 11 juillet 2013.
6. D. Gould *et al.*, « Psychological characteristics and their development in Olympic champions », *Journal of Applied Sport Psychology*, 2002, 14, p. 172-204.
7. R. J. Vallerand, « The role of passion in sustainable psychological well-being », *Psychology of Well-Being. Theory, Research, and Practice*, 2012, 2 (1), doi:10.1186/2211-1522-2-1. La version électronique de cet article peut être trouvée sur : http://www.psywb.com/content/2/1/1
8. P. Denis, *De l'exaltation*, Paris, PUF, 2013.
9. E. C. Chang, *Optimism and Pessimism*, Washington DC, American Psychological Association, 2001.

Chapitre 5
Deux formes d'optimisme : l'un subjectif, l'autre plus objectif

1. P. Aimard, *Les Bébés de l'humour*, Bruxelles, Mardaga, 1988.
2. J.-B. Chapelier, « Humour, amour et sexualité dans la culture adolescente », *Adolescence*, 2007, 62, p. 847-860.
3. A. Cann, K. Stilwell, K. Taku, « Humor styles, positive personality and health », *Europe's Journal of Psychology*, 2010, 3, p. 213-235.
4. T. E. Ford, K. A. McCreight, K. Richardson, « Affective style, humor styles and happiness », *Europe's Journal of Psychology*, 2014, 10 (3), p. 451-463.

5. S. Ey *et al.*, « A new measure of children's optimism and pessimism : The Youth Life Orientation Test », *Journal of Child Psychology and Psychiatry*, 2005, 46 (5), p. 548-558.
6. N. J. Kaslow, R. L. Tannenbaum, M. E. P. Seligman, *A Children's Attributional Style Questionnaire*, Philadelphie, University of Pensnsylvania, 1978, non publié.
7. A. Braconnier, *Optimiste*, Paris, Odile Jacob, 2014.
8. M. Thomson *et al.*, « Children's attributional style questionnaire revised : Psychometric examination », *Psychological Assessment*, 1998, 10, p. 166-170.
9. M. F. Scheier, C. S. Carver, « Optimism, coping, and health », *op. cit.*
10. C. Peterson *et al.*, « The attributional style questionnaire », *Cognitive Therapy and Research*, 1982, 6, p. 287-299.

DEUXIÈME PARTIE
MÊME SI LES ADULTES SONT PESSIMISTES...

1. A. Huxley, *Le Meilleur des mondes*, Paris, Pocket, 2002.
2. G. Orwell, *1984*, Paris, Gallimard, « Folio », 1972.

Chapitre 6
Le blues d'une société en pleine mutation

1. Dossier dirigé par François-Guillaume Lorrain, *Le Point* du 14 août 2014.
2. C. Buchet, *Cap sur l'avenir ! À contre-courant, les raisons d'être optimistes*, Paris, Éditions du Moment, 2014.
3. C. Senik, « The French unhappiness puzzle : Why are the French so unhappy ? The cultural dimension of happiness », prépublication *PSE Working Papers n° 2011-34*, 2014.
4. G. Bronner, *La Planète des hommes, réenchanter le risque,* Paris, PUF, 2014.
5. À la suite du succès du roman de fiction *1984* de George Orwell, paru en 1949, Big Brother est devenu la représentation de l'État policier et de la perte des droits individuels de la population.
6. P. Picq, *De Darwin à Lévi-Strauss,* Paris, Odile Jacob, 2013.
7. Article de Frédérique Andréani dans l'hebdomadaire *Le Point* du 14 août 2014.
8. *Le Point,* 3 juillet 2014.
9. A. Colas, « Rapport établi par l'Inspection générale de l'Éducation et de l'enseignement supérieur », *Le Monde* du 8 octobre 2014.
10. M. Baumard, « L'école française en retard d'une révolution », *Le Monde* du 9 octobre 2014.
11. J. Damon, « Confiance, mode d'emploi », *Le Point*, 28 août 2014.
12. G. Felouzis, *Les Inégalités scolaires,* Paris, PUF, « Que-sais-je », 2014.
13. Collectif, Institut Montaigne, Financi'Elles et Voutch, *Et la confiance bordel ?*, Paris, Eyrolles, 2014.
14. M. Baumard, « Le déclin de l'université américaine », *Le Monde*, 12 mars 2014.

15. F. Durpaire, B. Mabilon-Bonfils, *La Fin de l'école*, Paris, PUF, 2014.
16. C. Senik, *L'Économie du bonheur*, Paris, Seuil, 2014.
17. C. Senik, « The French unhappiness puzzle : Why are the French so unhappy ? », *op. cit*.
18. S. Lézé, D. Fassin, *La Question morale. Une anthologie critique*, Paris, PUF, 2014.
19. Sondage TNS Sofres, publié par le mensuel *Psychologies Magazine*, août 2011.
20. A. Braconnier, *Être parent aujourd'hui. Amour, bon sens, logique*, Paris, Odile Jacob, 2012.
21. École normale supérieure de Lyon.
22. *Challenge*, 4 septembre 2014.
23. S. Avallone, *Marina Bellezza*, Paris, Liana Levi, 2014.
24. S. Avallone, *D'acier*, Paris, Liana Levi, 2011.
25. *Le Monde*, 4 janvier 2014.
26. D. Pitelet, « Osons le leadership de la confiance », *lesechos.fr*, 17 avril 2013.

Chapitre 7
Les enfants grandissent en quête de motivation et de confiance en soi

1. R. Davido, *La Découverte de l'enfant par le dessin*, Paris, Le Livre de poche, 2013.
2. D. H. Pink, *Drive : The Surprising Truth about What Motivates Us*, New York, Riverhead Books, 2009.

Chapitre 8
Les bienfaits de l'optimisme chez l'enfant

1. N. Branden, *The Power of Self-Esteem*, Deerfield Beach, Fla., Health Communications, Inc., 1992.
2. A. J. Onwuegbuzie, C. R. Snyder, « Relation between hope and graduate students' studying and test-taking strategies », *Psychological Reports*, 2000, 86, p. 803-806.
3. A. S. Robbins *et al.*, « Psychological determinants of health and performance. The tangled web of desirable and indesirable characteristics », *Journal of Personality and Social Psychology*, 1991, 61, p. 755-765.
4. Définition de l'Organisation mondiale de la santé.
5. S. M. Sheridan, J. D. Burt, « Family-centered positive psychology », *in* S. J. Lopez, C. R. Snyder (éds), *The Oxford Handbook of Positive Psychology*, New York, Oxford University Press, 2009, p. 551-560.
6. C. E. Chang, « Dispositional optimism and primary and secondary appraisal of a stressor : Controlling for confouding influences and relations to coping and psychological and physical adjustment », *Journal of Personality and Social Psychology*, 1998, 74 (4), p. 1109-1120.
7. K. Grenon, « Le rôle médiateur du désespoir et de l'optimisme entre la motivation face à la vie et les idéations suicidaires chez les étudiants », Université de Québec, 2000, mémoire de maîtrise de psychologie non publié ; cité par

C. Martin-Krumm, « L'optimisme : une analyse synthétique », *Cahiers internationaux de psychologie sociale*, 2012, 93, p. 103-133.
8. A. Braconnier, *Optimiste, op. cit.*

TROISIÈME PARTIE
L'OPTIMISME EN FAMILLE, ÇA SE TRAVAILLE

1. A. Schopenhauer, *L'Art d'être heureux, à travers cinquante règles de vie*, Paris, Seuil, « Points Essais », 2013.

Chapitre 9
Une nouvelle spirale éducative qui fait progresser l'enfant

1. C. Peterson, C. Clark, « Learned helplessness and explanatory style », *op. cit.*
2. R. Melina, « Kids as young as 5 see benefits of positive thinking », *LiveScience*, 22 décembre 2011, https://www.google.fr/#q=Kids+as+young+as+5+see+benefits+of+positive+thinking+

Chapitre 10
Le cerveau a son mot à dire

1. P.-M. LLedo, J.-D. Vincent, *Le Cerveau sur mesure*, Paris, Odile Jacob, 2012.
2. En savoir plus sur http://www.lexpress.fr/actualite/sciences/intelligence-comment-optimiser-son-cerveau_1565915.html#K6S6vd79uzOSzLB1.99
3. V. Hugo, *Les Misérables*, Paris, Gallimard, « Bibliothèque de la Pléiade », 1986.

Chapitre 11
Comment optimiser ses pensées

1. D. W. Winnicott, *La Nature humaine*, Paris, Gallimard, 1990.
2. R. Davido, *La Découverte de votre enfant par le dessin*, Paris, Le Livre de poche, 2013.
3. Ça aurait évidemment pu être leur père.

QUATRIÈME PARTIE
ENSEIGNANTS ET PARENTS : MÊME COMBAT

1. G. Grallet, « Village de start-up : Tariq Krim, aiguilleur », *Le Point*, 4 décembre 2012, n° 2091.

Chapitre 13
Optimiste et heureux d'aller à l'école, est-ce possible ?

1. « Minimal » sur iOS.
2. « Prof. Phifix », sur iOS et www.professeurphifix.net
3. N. Rauline, « Coorpacademy veut réinventer la formation continue », interview de Jean-Marc Tassetto, *lesechos.fr*, 18 septembre 2014.
4. E. Morin, *Enseigner à vivre*, Paris, Actes Sud, 2014.
5. J. Pagis, W. Lignier, « Inimitiés enfantines. L'expression précoce des distances sociales », *Genèses*, septembre 2014, 96, p. 35-41.
6. H. E. Marano, *Why Doesn't Anybody Like Me ? A Guide to Raising Socially Confident Kids*, New York, William Morrow and Company, Inc., 1998.
7. Étude de l'Université de Southampton ayant comparé des enfants d'une école anglaise à ceux d'une école chinoise et présentée lors d'une conférence annuelle de la British Educational Research Association, *The Daily Telegraph*, 25 septembre 2014.
8. J. Hattie, *Visible Learning and the Science of How We Learn*, New York, Routledge, 2014.
9. P. Lemarquis, *Sérénade pour un cerveau musicien*, Paris, Odile Jacob, 2009.

Chapitre 14
L'optimisme en classe

1. A. Tarpinian, M. Gradner, *L'Éducation psychosociale à l'école*, Paris, Chronique sociale, 2014.
2. H. Romano (éd.), *La Santé à l'école*, Paris, Dunod, 2013.
3. D. B. Feldman, D. E. Dreher, « Testing the efficacity of single session goal-pursuit intervention for college students », *J. of Happiness Studies*, 2012, 13, p. 745-759.
4. M. O'Malley *et al.*, « Engaging students in school climate improvement », *in* M. J. Furlong, R. Gilman, E. S. Huebner (éds), *Handbook of Positive Psychology in Schools*, New York, Routledge, 2e édition, 2014.

Chapitre 15
Le Penn Prevention Program

1. C. Peterson, L. Barrett, « Explanatory style and academic performance among university freshmen », *Journal of Personality and Social Psychology*, 1987, 53, p. 603-607.
2. J. E. Gillham, K. J. Reivich, L. H. Jaycox, M. E. P. Seligman, « Prevention of depressive symptoms in schoolchildren : Two-year follow-up », *Psychological Science*, 1995, 6, p. 343-351.
3. *Ibid.*
4. P. Schulman, « Explanatory style and achievement in school and work », *in* G. M. Buchanan, M. E. P. Seligman, *Explanatory Style*, Hillsdale, NJ, Erlbaum, 1995, p. 159-171.

CINQUIÈME PARTIE
LES ENFANTS PESSISMISTES PEUVENT-ILS DEVENIR OPTIMISTES ?

1. À ceux qui en doutent, je propose de lire le roman de Frédéric Boyer, *Dans ma prairie*, Paris, POL, 2014.

Chapitre 16
Manque et excès d'optimisme

1 G. M. Buchanan, M. E. P. Seligman, *Explanatory Style*, *op. cit.*, p. 14.
2. P. D. Sweeney *et al.*, « Attributional style in depression : A meta-analytic review », *J. of Personality and Social Psychology*, 1986, 50, p. 974-991.
3. R. O'Connor, C. Cassidy, « Predicting hopeless : The interaction between optimism versus pessimism and specific future expectancies », *Cognition and Emotion*, 2007, 21 (3), p. 506-613.

Chapitre 17
Et si la solution pour aller bien était d'accepter que ça va mal

1. C. Showers, C. Ruben, « Distinguishing defensive pessimism from depression : Negative expectations and positive coping mechanisms », *Cognitive Therapy and Research*, 1990, 14 (4), p. 385-399.
2. J. Berger, *Sénèque antistress*, Paris, Les Éditions de l'opportun, 2012.
3. W. Leibniz, *Nouveaux Essais sur l'entendement humain*, trad. fr. J. Brunschwig, Paris, Flammarion, 1993.
4. N. Cantor, J. K. Norem, « Defensive pessimism and stress and coping », *Social Cognition*, 1989, 7, p. 92-112.
5. Une stratégie cognitive peut être volontaire, mais parfois utilisée sans être nécessairement consciente. La personne peut ignorer qu'elle a recours à une stratégie particulière, ne sachant ni pourquoi ni même quand. Cet emploi peut être observé par d'autres sans que la personne en soit consciente. En revanche, la personne pourra la reconnaître rétrospectivement. Les « stratégies » sont cognitives par le fait qu'elles représentent ce que le sujet pense en vue ou non d'une action. Elles ont pour but de réguler le comportement et ont des antécédents et des conséquences émotionnels comme motivationnels.

Chapitre 18
Parents optimistes ou parents pessimistes

1. V. Hugo, *Les Châtiments*, Paris, Hachette Livre-BNF, 2013.
2. M. R. Sanders, C. Markie-Dadds, L. Tully, B. Bor, « The triple P : Positive Parenting Program », *J. of Consulting and Clinical Psychology*, 2000, 68, p. 624-640.

3. S. Sheridan *et al.*, « FCPP : Focusing on strenghts to build students success », *Psychology in the Schools*, 2004, 41, p. 7-17.
4. J. A. Fulkerson *et al.*, « Correlates of psychosocial well-being among overweight adolescents : The role of family », *J. of Consulting and Clinical Psychology*, 2007, 75, p. 181-186.
5. S. M. Sheridan, T. R. Kratochwill, *Conjoint Behavioral Consultation. Promoting Family School Connections and Interventions*, New York, Springer, 2008.
6. N. et A. Guedeney, *L'Attachement. Concept et applications*, Paris, Masson, 2002.
7. R. T. Proyer, W. Ruch, « The virtuousness of adult playfulness : The relation of playfulness with strengths of character », *Psychology of Well-Being : Theory, Research, and Practice*, 2011, 1:4 doi:10.1186/2211-1522-1-4
8. A. Braconnier, *Protéger son soi pour vivre pleinement*, Paris, Odile Jacob, 2010.
9. G. George, *La Confiance en soi de votre enfant*, Paris, Odile Jacob, 2007.
10. *Cf.* l'une des « cinquante règles de vie » du célèbre *Art d'être heureux* du philosophe allemand Arthur Schopenhauer : « Contemplons ceux qui vont plus mal que nous plus souvent que ceux qui vont moins mal que nous. »

Conclusion

1. Le journal *La Tribune* a publié en 2014 une sélection de neuf articles sur le thème « Travailler demain » issus du site Internet-Actu (www.internetactu.net/). Ce site est édité par la Fondation Internet nouvelle génération (Fing).
2. C. Baudelaire, « Le génie, c'est l'enfance retrouvée à volonté », *in L'Art romantique*, III.

REMERCIEMENTS

Je remercie tout d'abord toutes celles et tous ceux qui m'ont accordé leur confiance, qui ont enrichi ma réflexion et que j'ai tenté d'aider le mieux que j'ai pu.

Les illustrations qui ont été inscrites dans cet ouvrage sont des synthèses reconstruites et transformées de plusieurs histoires. Elles sont, dans ce sens, racontées de façon à préserver l'anonymat.

Je remercie aussi tout particulièrement tous mes proches et tous ceux qui m'ont conseillé sur l'écriture de ce livre.

J'exprime toute ma gratitude à Odile Jacob pour son amitié et son constant soutien ainsi qu'à toute son équipe.

TABLE

PREMIÈRE PARTIE
MON ENFANT EST-IL OPTIMISTE ?

CINQUIÈME PARTIE
LES ENFANTS PESSIMISTES PEUVENT-ILS DEVENIR OPTIMISTES ?

DU MÊME AUTEUR
CHEZ ODILE JACOB

Optimiste, 2014.
Être parent aujourd'hui. Amour, bon sens et logique, 2012.
Protéger son soi pour vivre pleinement, 2010.
Nos bébés, nos ados, avec Bernard Golse, 2008.
Les Filles et les Pères, 2007.
Le Guide de l'adolescent. De 10 ans à 25 ans, nouvelle édition, 2007
Mère et fils, 2005.
Petit ou grand anxieux ?, 2002.
L'Adolescence aux mille visages, avec Daniel Marcelli, 1998.
Le Sexe des émotions, 1996.
Tout est dans la tête, avec Éric Albert, 1992.

Cet ouvrage a été imprimé
en janvier 2015 par

CPI
FIRMIN-DIDOT

27650 Mesnil-sur-l'Estrée

Composition et mise en pages
Nord Compo à Villeneuve-d'Ascq

N° d'impression : 126333
N° d'édition : 7381-3231-X
Dépôt légal : février 2015

Imprimé en France